Militarisierung in Chiapas 1995

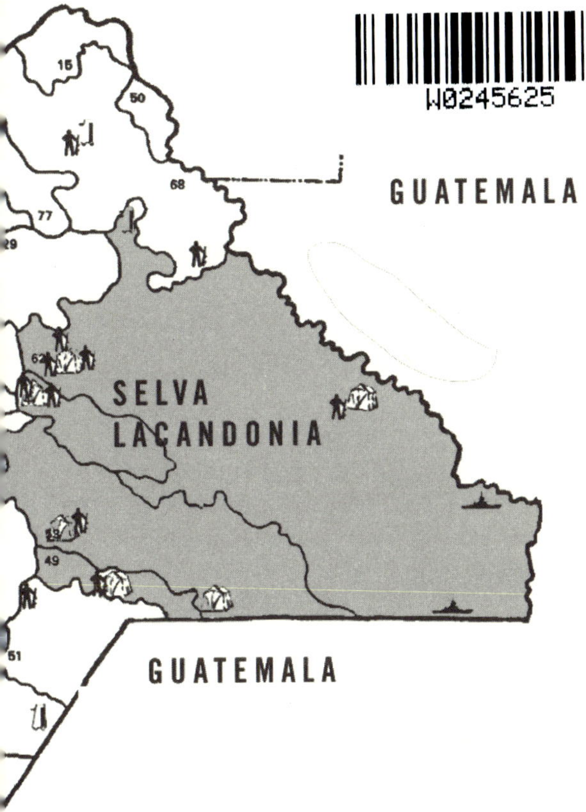

15
50
68
GUATEMALA
77
SELVA
LACANDONIA
62
49
51
GUATEMALA

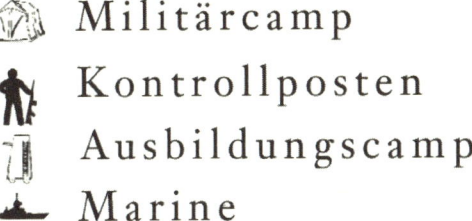

Militärcamp
Kontrollposten
Ausbildungscamp
Marine

Die Rebellion der Habenichtse

Boris Kanzleiter/Dirk Pesara

Der Kampf für Land und Freiheit gegen deutsche
Kaffeebarone in Chiapas

Mit einem Vorwort von Jorge Javier Elorriaga

Edition ID-Archiv

Für Barbara Pesara (1939-1996)

Boris Kanzleiter/Dirk Pesara
Die Rebellion der Habenichtse
Der Kampf für Land und Freiheit gegen
deutsche Kaffeebarone in Chiapas
mit einem Vorwort von
Jorge Javier Elorriaga

© Edition ID-Archiv
Postfach 360 205
D-10972 Berlin
ISBN 3-89408-064-7
1. Auflage 1997

Titel: Eva Meier unter Verwendung
eines Fotos von Horst Munzig

Fotos: Horst Munzig, Jesus Ramírez Cuevas,
Yax 'Kin, Franziska Nyffenegger, Dirk
Pesara, Boris Kanzleiter sowie Privatfotos
unbekannter Autoren

Layout: SupportAgentur, Berlin
Druck: Winddruck, Siegen

Buchhandelsauslieferungen:
BRD & Österreich: Rotation Vertrieb
Schweiz: Pinkus Genossenschaft
Holland: Papieren Tijger

Sommer 1995 im Gefängnis Cerro Hueco in Tuxtla Gutiérrez, der Hauptstadt des südmexikanischen Bundesstaates Chiapas. Es ist heiß. Hier und da gehen Gefangene gebeugt hin und her, auf der Suche nach etwas, womit sie sich die Zeit vertreiben könnten. Viele von ihnen sind Indígenas. Als Angehörige eines der 56 indianischen Völker Mexikos erfüllen sie zwei der wichtigsten Voraussetzungen, um in Mexiko inhaftiert zu sein: Arm zu sein und für seine Rechte zu kämpfen.

Fragst du sie nach den Gründen ihrer Festnahme, so unterscheiden sich die Antworten kaum: Wir wurden von den Ländereien, die wir besetzt hatten, gewaltsam geräumt; wir wurden von den Guardias Blancas, den Weißen Garden, die unsere Dörfer terrorisieren, festgenommen. Wir wurden während einer Protestkundgebung, bei der wir gerechte Preise für unsere Produkte und die Freilassung der politischen Gefangenen forderten, verhaftet; weil wir Anhänger der Oppositionspartei (Partei der Demokratischen Revolution, PRD) sind und Probleme mit der Regierung haben; weil sie uns beschuldigen, Mitglieder der Zapatistischen Armee der Nationalen Befreiung (EZLN) zu sein...

Die Erzählungen der Geschichten vermag weder Zorn noch Hitze zu verscheuchen, ist jedoch eine Möglichkeit, von der eigenen Tragödie abzulenken und vielleicht die gemeinsame Ursache von allem zu erkennen. So berichtet eine Gruppe von Gefangenen:

»Seit die Deutschen da sind, leben wir im Elend. Von dem bißchen Mais, Bohnen und auch Kaffee, das wir in unserer Kooperative anbauen, können wir nicht leben. Deshalb haben wir gegen die Familie Schimpf-Hudler rebelliert und die Kaffeeplantage Liquidambar besetzt. Dann haben sie uns verfolgen und einsperren lassen. Wie ist es möglich, daß wir zuwenig Land haben, um unsere

Familien zu ernähren, und den Deutschen alles alleine gehört? 200 Haftbefehle haben sie gegen uns erlassen, in unserem Dorf patrouillieren Polizisten und Soldaten.«

Die Rebellion der Habenichtse erzählt von dieser Geschichte, die nur eine von vielen ist. Durch die Lektüre möge verständlich werden, daß die Campesinos und Indígenas zu einer Reise aufgebrochen sind, die keine Umkehr zuläßt, einer Reise zu einem Leben in Freiheit, Demokratie und Würde. Und vielleicht wird auch verständlich, warum die Worte und Taten der Campesinos und Indígenas offene Ohren und Unterstützung in allen Teilen der Welt gefunden haben. Seien es Industriearbeiterinnen, Intellektuelle oder chiapanekische Indígenas, niemand kann stumm bleiben angesichts des Chaos, der Ungerechtigkeit und der unvorstellbaren Folgen, die das neoliberale System verursacht.

Der 1. Januar 1994, der zapatistische Aufstand in Chiapas hat Mexiko erschüttert. Die Bevölkerung begann, sich einer Realität zu widersetzen, die jahrzehntelang von den Sphären der Macht verschleiert wurde. Für die herrschende Klasse war Mexiko ein Land im Wartesaal der sogenannten Ersten Welt. Millionen Dollar wurden in Mexiko und jenseits der Grenzen vergeudet, um uns von der Wirksamkeit des Modells zu überzeugen. Als unwiderlegbaren Beweis ihres Erfolges präsentierten sie die Trophäe: Am 1. Januar 1994 trat die Nordamerikanische Freihandelszone NAFTA zwischen den USA, Kanada und Mexiko in Kraft. Da interessierte es nicht mehr, daß Millionen Mexikanerinnen und Mexikaner im Elend lebten, daß Hunderte von Oppositionellen umgebracht wurden, daß Ungerechtigkeit und soziale Ungleichheit herrschten. »Weder sehe ich sie noch höre ich sie«, erklärte der Präsident, als er zur Opposition befragt wurde. Nur die Erfüllung des von neoliberalen Strategen verkündeten Dogmas der Globalisierung zählte.

Seit dem 1. Januar 1994 sind nun Millionen von Indígenas weder zu überhören noch zu übersehen. Mit dem Ruf YA BASTA – ES REICHT! nahmen sie ihren Kampf für ein besseres Leben erneut auf. Dank des Aufstandes der Zapatistas treten die Campesinos und Indígenas verstärkt für ihre Rechte ein. Der Kampf für Land und Freiheit, der ewige Konflikt in Mexiko, spitzt sich zu. Tausende Hektar Land werden von ihren eigentlichen Besitzern zurückerobert. Und der Staat reagiert, wie jeder andere antidemokratische Staat der Welt, mit brutaler Gewalt, Festnahmen, Verfolgung, Folter und Mord.

Aus diesem Szenario treten die ProtagonistInnen dieses Buches hervor: Familien aus dem kleinen Dorf Nueva Palestina. Alle Bestandteile der Vergangenheit und Zukunft Mexikos spiegeln sich in der Geschichte dieser Menschen wider. Sie kämpfen gegen die gefräßigen Großgrundbesitzer, die ihnen ihr Land rauben und sie in Elend und Knechtschaft stoßen; einige wenige Pfennige für die Arbeiterinnen und Arbeiter – Tausende Dollars für die Kaffeebarone.

Von den Bergen in Chiapas bis zu den Luxuskaufhäusern in Berlin demonstriert der Weg des Kaffees aus Liquidambar in erstaunlicher Weise, warum das Echo des zapatistischen ¡YA BASTA! noch immer zu hören ist und bis an die verschiedenen Ecken der Welt vordringt.

Jorge Javier Elorriaga, Januar 1997

(Der Autor gehört zur Leitung der FZLN, einer zivilen der EZLN nahestehenden politischen Organisation. 1995/96 war er unter dem Vorwurf der EZLN-Mitgliedschaft im Gefängnis von Cerro Hueco/ Chiapas inhaftiert und dort Sprecher der politischen Gefangenen.)

Straßensperre der UCPFV in Nueva Palestina

Villista in verlassener Wohnbaracke auf Liquidambar

I. Die Zeit ist reif

Nueva Palestina ist ein kleines Dorf in Chiapas, dem südlichsten der 32 Bundesstaaten Mexikos. Ein Rinnsal schlängelt sich durch den Ort und sorgt an seinem Ufer für spärliches Grün durch Sträucher und Bäume. Hühner gackern umher, und im Schatten dösen abgemagerte Hunde. Widerwillig trotten mit Säcken voller Maiskolben bepackte Maulesel des Weges, angetrieben von Campesinos in abgetragenen Baumwollhemden. Mit müden Gesichtern unter den Sombreros streben sie ihrem Zuhause zu, um der Mittagshitze zu entfliehen und sich von der Feldarbeit auf ausgemergelten Böden zu erholen. Entlang der staubigen Hauptstraße stehen dicht an dicht kleine Häuschen, einige aus Stein, die meisten jedoch aus Holz gebaut. Die weiße Farbe der Häuserwände ist abgeblättert, hier und da hängen vergilbte Werbetafeln: Coca Cola, Bayer, Zigaretten- und Biermarken.

In den Häusern stehen Frauen an den Feuerstellen. Holzscheite glimmen, und der Geruch von Bohnen und Tortillas erfüllt die Räume. Die Inneneinrichtung ist schlicht: Ein Tisch, Stühle, Hängematten, Nachtlager aus Stroh oder selten auch Matratzen, an den Wänden Bilderrahmen mit Familienfotos und Heiligenbilder der Jungfrau von Guadalupe. Aus Transistorradios scheppern mexikanische Corridos und mit Werbung durchsetzte Nachrichten. Auf den festgetretenen Lehmböden spielen Kinder.

Die Familien in Nueva Palestina sind arm. Das Dorf unterscheidet sich kaum von Tausenden anderen in Mexiko. Nichts deutet auf den ersten Blick darauf hin, daß in Nueva Palestina Krieg geführt wird. Eigentlich muß es heißen, daß gegen Nueva Palestina Krieg geführt wird. Das Dorf liegt nur wenige Kilometer von den

Kaffeeplantagen Liquidambar und Prusia entfernt, Eigentum der Familien Schimpf-Hudler und von Knoop aus dem fernen Deutschland. Der Krieg gegen Nueva Palestina sorgt für keine großen Schlagzeilen. Er wird leise und verdeckt geführt, ist aber umso brutaler und zermürbender für die Menschen im Dorf und der Umgebung.

Seitdem sich die BewohnerInnen Nueva Palestinas in der Unión Campesina Popular Francisco Villa (UCPFV) zusammengeschlossen haben, um Land für die Erweiterung ihrer landwirtschaftlichen Kooperative, ihres Ejidos, zu erstreiten, lasten Angst und Unsicherheit auf ihnen. Fast täglich kommen bewaffnete Einheiten ins Dorf. Wenn die Jeeps aus dem Tal heraufdröhnen und am Horizont eine weit sichtbare Staubwolke aufwirbeln, wird es plötzlich still in der Siedlung. Meistens passiert die Kolonne Nueva Palestina ohne anzuhalten. Dann atmen die Menschen, die sich in ihren Häusern versteckt halten, erleichtert auf. Manchmal jedoch kommen die Fahrzeuge mitten in der Ortschaft zum Stehen und vermummte Gestalten mit Maschinenpistolen in den Händen springen von den Ladeflächen der Jeeps. Dann schließen die Menschen in Nueva Palestina vor Furcht die Augen: Heute treten sie vielleicht meine Haustür ein und rauben alles, was ich besitze. Heute verschleppen sie vielleicht mich und verbrennen mir die Augenlider. Heute tauchen sie vielleicht meinen Kopf in Dreckwasser und vergewaltigen mich, wie vor kurzem Julieta Flores. Oder ich kehre als verstümmelter Leichnam zurück, wie Reyes Penagos Martínez.

Nur kurz währte die Zeit, als die Hoffnung auf ein besseres, menschenwürdiges Leben ihre Herzen mit Optimismus erfüllte.

Begonnen hat alles am 4. August 1994.

Unruhige Zeiten brechen an

Anfang August 1994 in Chiapas: Die Regenzeit hat das Gesicht dieses Bundesstaates verändert. Aus trockenen Tälern sind grüne Oasen geworden und aus den Schotterstraßen Schlammpisten. Im Lakandonischen Urwald stehen sich in Schußweite Regierungstruppen und Einheiten der Zapatistischen Armee der Nationalen Befreiung (EZLN) gegenüber, nur getrennt durch einen entmilitarisierten Korridor, der unter Vermittlung des Bischofs von San Cristóbal Samuel Ruíz und des Roten Kreuzes geschaffen wurde. Am 1. Januar des Jahres haben die zapatistischen Rebellen mehrere Städte besetzt und mit der Losung »Freiheit – Demokratie – Gerechtigkeit« den Machthabern der seit über 60 Jahren regierenden Partei der Institutionalisierten Revolution (PRI) den Krieg erklärt.

Tausende Soldaten der mexikanischen Armee sind nach Chiapas abkommandiert und haben den Bundesstaat in ein Heerlager verwandelt. Tag und Nacht landen auf dem Flughafen der chiapanekischen Hauptstadt Tuxtla Gutiérrez Militärmaschinen, um die Regierungstruppen mit Nachschub zu versorgen: Proviant, Waffen, Munition und immer mehr Soldaten. Auf den Landstraßen patrouillieren Armeeinheiten und an den Ausfallstraßen der Ortschaften versperren Kontrollposten hinter aufgeschichteten Sandsäcken stehend den Weg.

Zu größeren bewaffneten Zusammenstößen kommt es nach den heftigen Kämpfen Anfang Januar jedoch nicht mehr. Der ausgehandelte Waffenstillstand wird nicht gebrochen und die Vorbereitungen der am 21. August stattfindenden Präsidentschafts- und Gouverneurswahlen laufen auf Hochtouren. In der Selva Lacandona, nahe der Ortschaft Guadalupe Tepeyac, herrscht ebenso hektische Betriebsamkeit wie in den Amtsstuben der Parteien. Doch nicht die Wahlen sind der Grund. Die Frauen und Männer, die sich in der EZLN zusammengeschlossen haben, arbeiten emsig an der Fertigstellung eines Versammlungsortes aus Holzstämmen in Form einer Schnecke. Die einem riesigen Freilufttheater ähnelnde Anlage nennen die Zapatistas Aguascalientes, so wie die Stadt, in der sich 1914 die Anhänger der Revolutionsgeneräle Emiliano Zapata und Pancho Villa vereinigten. Dort werden auf Einladung der EZLN vom 6. bis 9. August 6000 Delegierte aus ganz Mexiko zusammentreffen, um mit der Gründung des Nationalen Demokratischen Konvents (CND) Wege zu einer friedlichen Demokratisierung des Landes zu suchen.

Nur 150 Kilometer weiter südlich in der Frailesca, einer von insgesamt acht Regionen des Bundesstaates Chiapas, wissen die Menschen von alldem kaum etwas. Zeitungen gelangen nur selten in die kleinen Städte und weit verstreuten Dörfer. Nur ein kleiner Teil der Bäuerinnen und Bauern hat jemals eine Schule besuchen können und die mühsam erarbeiteten Pesos werden für andere Dinge dringender gebraucht. Dies ist auch im Landkreis Angel Albino Corzo, wo sich nur 22 000 Menschen auf immerhin 148 Siedlungen verteilen, nicht anders. Die Armut ist ebenso groß wie das Mißtrauen gegenüber staatlichen Instanzen.

Die Zone um die Kreishauptstadt Jaltenango bildet einen Ausläufer der Sierra Madre von Chiapas, jener Gebirgskette, die durch die Verfilmung »Der Schatz der Sierra Madre« mit Humphrey Bogart in der Hauptrolle weltbekannt wurde. Doch davon wissen die Menschen hier nichts. Nur zu gut kennen sie dafür die holprigen Pfade, die von Jaltenango bis in die entlegensten Winkel vordringen und nur ein Ziel haben: die Kaffeeplantagen. Seit Generationen machen sich zur Erntezeit Hunderte von Familien auf den Weg, um sich auf den Fincas zu verdingen. So auch nach Liquidambar, der größten und reichsten Kaffeeplantage weit und breit.

Laurenz (vorn links) und Marianne Schimpf-Hudler (hinten rechts) im Kreis der Familie

In einer Höhe zwischen 900 und 1500 Meter gelegen, reifen dort an Tausenden und Abertausenden Bäumen die Kaffeekirschen einer der edelsten Kaffeesorten der Welt. Von der 1923 gegründeten Kaffeegesellschaft »Mohr y Schimpf« rührt noch der Name des Produktes her, das im Hamburger Hafen stolze 220 US-$ pro Sack einbringt: M. S. Liquidambar.

70 Jahre lang hat der Kaffeeanbau der Familie Schimpf beträchtliche Gewinne beschert. Daran teilzuhaben und nicht nur als billige Peones den Reichtum der Schimpfs zu mehren ist ein Traum, den die BewohnerInnen von Nueva Palestina nie aufgegeben haben. Petitionen zur Erweiterung ihres Ejidos mit Landparzellen von Liquidambar wurden jedoch mit Schweigen oder heftigen Repressalien beantwortet. Nun, im August 1994, erwacht auch hier im entlegensten Teil der Sierra Madre, wo die EZLN militärisch nie präsent war, Widerstand.

Die Zeit ist reif, das müssen auch die Großgrundbesitzer Marianne Schimpf und ihr Ehemann Laurenz Hudler ahnen. An Vorzeichen hat es nicht gefehlt. Am 1. und 2. August werden in den Zeitungen *La Jornada* und *Tiempo* Artikel über 33 Fälle von illegalem Großgrundbesitz in Chiapas publiziert. So wird der deutschstämmigen Familie Bernstorff angelastet, ihren Besitz von 5000 Hektar Anbaufläche pro forma in zehn Parzellen unter Verwandten aufgeteilt zu haben, um das gesetzliche Verbot von Latifundien zu umgehen. Zwar wird Liquidambar in diesem Bericht nicht extra erwähnt, Unruhe scheint die Schimpf-Hudlers jedoch trotzdem erfaßt zu haben. Schließlich sind die Vorwürfe der BewohnerInnen von Nueva Palestina gegen sie gleichlautend. Bevor die Rebellion der Habenichtse beginnt, verläßt das Ehepaar Schimpf-Hudler mit ihrem Sohn die Finca.

Liquidambar wird besetzt

In den Morgenstunden des 4. August erobern 500 Mitglieder der Unión Campesina Popular Francisco Villa (UCPFV) die Kaffeeplantage Liquidambar. Benannt haben sie ihre Organisation nach dem legendären Revolutionshelden Francisco Villa, der zusammen mit Emiliano Zapata von 1910 bis 1919 mit der Parole »Land und Freiheit« für eine umfassende Agrarreform die Waffen erhoben hatte.

Lange haben sie auf diesen Moment gewartet. Lange haben sie sich in aller Stille organisiert, geheime Versammlungen abgehalten, Verbindungen zu anderen Oppositionsgruppen aufgenommen und auf diesen Augenblick hingearbeitet. Bereits am 16. 2. 91 besetzten Mitglieder der Organización Campesina Emiliano Zapata (OCEZ) die Fincas Piedra Blanca und Salvador Urbina, Eigentum der Großgrundbesitzerfamilie Orantes. Doch der einsetzenden Repression hatten sie nicht standhalten können. Die Ländereien wurden geräumt, einige Campesinos inhaftiert, andere umgebracht. Dennoch war es der versprengten Gruppe nach und nach gelungen, mehr als tausend Familien der Region zu organisieren und in Nueva Palestina eine klandestine Bewegung aufzubauen.

Nun, vier Jahre später, ist die Stunde der Unión Campesina Popular Francisco Villa gekommen. Barfüßig, in geflickten Sandalen oder Gummistiefeln, bekleidet mit ausgeblichenen Baumwollhemden, zerschlissenen Hosen und Röcken nehmen die Tagelöhnerinnen und Tagelöhner am 4. August 1994 von Liquidambar Besitz. Ihre Gesichter mit Masken und Tüchern verhüllt, in den Händen Macheten, Knüppel und hier und da alte Jagdflinten, sperren sie die Zufahrtswege zur Plantage ab. Für einen Moment vermischen sich Vergangenheit und Gegenwart. Ein Hauch der Mexikanischen Revolution breitet sich über der Siedlung und der Finca aus. Stillgestanden hatte hier die Zeit seit hundert Jahren. Die menschenunwürdigen Lebens- und Arbeitsbedingungen waren seit Gründung der Plantage annähernd die gleichen geblieben. Doch damit soll nun Schluß sein, endgültig Schluß: Eine Kooperative wird entstehen, in der sich durch gemeinsame Anstrengungen das Leben aller verbessert. Genug zu essen, medizinische Versorgung und Schulen für alle sollen nicht länger Träume bleiben. Keine Ausbeutung, keine Willkür der Caporales, kein Rassismus mehr, sondern wie Menschen leben.

Während am fernen Horizont die Sonne mühsam die Hügel erklimmt, zieht die Menschenmenge – Männer, Frauen, Kinder, Junge und Alte – an den Beneficios vorbei. In diesen Gebäuden der Firma Cruz del Sur werden die erntefrischen Kaffeekirschen zu exportfertigem Rohkaffee verarbeitet: Naßaufbereitung, Trocknung, Lagerung, Trockenaufbereitung. Doch daran denkt an diesem Donnerstagmorgen niemand. Vorbei am Verwal-

tungsgebäude, in dessen Innern eine hölzerne Bismarck-
büste steht und eine Urkunde mit Hakenkreuz, die an
den Kriegsdienst Hermann Schimpfs in der Wehrmacht
des Dritten Reiches erinnert, steigen die Villistas den
Pfad zum Herrenhaus empor.

Majestätisch erhebt sich das Gebäude vom höchsten
Punkt der Kaffeeplantage über die gesamte Anlage.
Keiner der Bauern hat die »Villa der Reichen« jemals von
innen gesehen. Zuerst noch unsicher, doch dann immer
entschlossener durchschreiten sie den üppigen Blumen-
garten, der das Schwimmbad, den Whirlpool und das
Bodybuilding-Center auf der Terrasse umsäumt. Ein kur-
zes Zögern noch, dann splittert Holz. Die Türen geben
unter der Wucht der Machetenhiebe nach. Die Villistas
betreten eine neue Welt: Ein Wohnzimmer mit Leder-
sofa, Stereoanlage, Farbfernseher mit Parabolantenne,
Kunstgegenständen und Marilyn Monroe-Portraits von
Andy Warhol, ein Schlafzimmer mit großen Betten und
gediegenem Mobiliar, gekacheltes Badezimmer, Sauna,
Billardsalon und Weinkeller. Gemessen an westeuropäi-
schen Standards würde diese Ausstattung eher der geho-
benen Mittelklasse entsprechen. Doch hier hausen die
Menschen nur einen Steinwurf entfernt in Baracken ohne
elektrisches Licht, fließendes Wasser oder Toiletten.
Immer mehr Menschen strömen nun dem Herrenhaus
zu: »Hoch lebe Pancho Villa!«, »Hoch lebe die EZLN!«,
»Das Land gehört uns!«, »Nieder mit den Reichen!« ...

Der Landkonflikt wird öffentlich

Der Coup ist geglückt. Ohne Blutvergießen übernehmen
die Villistas die Kontrolle über Liquidambar. Wider-
standslos ergeben sich die 13 Aufpasser und Wachleute
der Finca, werden gefesselt und im Verwaltungsgebäude
eingesperrt. Ebenso ergeht es dem Verwalter Gerardo
Saenger, der seinen unfreiwilligen Aufenthalt später nicht
ohne Humor und in Anspielung auf Wochenendangebote

mexikanischer Reiseveranstalter folgendermaßen kommentiert: »Es war wie eine Pauschalreise nach Acapulco, drei Tage und zwei Nächte im Paket.«

Während am nächsten Tag ein Sprecher des chiapanekischen Justizministeriums den friedlichen Charakter der Besetzung bestätigt und der Presse die Einleitung eines Ermittlungsverfahrens mit der Aktennr. 1725-CAJ 4-94 wegen Diebstahls, Plünderung und Freiheitsberaubung verkündet, treten die Finca-Besitzer an die Öffentlichkeit. Laurenz Heribert Hudler Lindemann, Bevollmächtigter und Ehegatte der Plantagen-Herrin Marianne Schimpf, und Guillermo Escudero, Geschäftspartner der Familie und Präsident der Nationalen Union der Kaffeeproduzenten (UNPC), fordern das Eingreifen des Gouverneurs. Zu dieser Zeit sind schon verschiedene Pressevertreter auf dem Weg nach Liquidambar. Journalisten der chiapanekischen Zeitungen *Tiempo* und *Expreso*, sowie der überregionalen *La Jornada* waren von der Unión Campesina Popular Francisco Villa gebeten worden, zu vermitteln.

Bereits Kilometer unterhalb der besetzten Plantage passieren die Journalisten eine erste Straßensperre. Hinter dem letzten Haus in Nueva Palestina, wo die holprige Durchgangsstraße über eine kleine Brücke führt und sich schlängelnd in den Hügeln der Sierra Madre von Chiapas verliert, ist ein Seil gespannt. Im Schatten einiger Bäume, die vor der unbarmherzigen Mittagshitze Schutz bieten, hat sich auf einem wohl schon seit Jahren dort liegenden Baumstamm ein Dutzend Menschen niedergelassen. Überwiegend Frauen sind es, die an dieser Stelle den Kontrollposten der Villistas bewachen. Plaudernd, mit Säuglingen in den vor die Brust gespannten Tragetüchern, kontrollieren sie den Weg, der an der Finca Montegrande vorbei zum Ejido Nueva Colombia und nach Liquidambar führt. Viele Fahrzeuge sind es nicht, die von hier aus zu den entlegenen Siedlungen aufbrechen. Die Nachricht von der Besetzung der Finca hat sich wie ein Lauffeuer verbreitet, und die fliegenden Händler, sonst immer geschäftig, um ihre Ware den BewohnerInnen der Plantagen und Siedlungen feilzubieten, meiden nun die Gegend. Doch ab und zu hält ein LKW, auf dessen Ladefläche sich arbeitsuchende Familien drängen, am Kontrollpunkt. Nur nach eingehender Befragung nach dem Ziel der Reise und gründlicher Durchsuchung darf die Fahrt fortgesetzt werden. Die Villistas sind auf der Hut. Schließlich wäre es nicht das erste Mal, daß eine besetzte Finca mit Hilfe angeheuerter Pistoleros, getarnt als einfache Campesinos, geräumt würde. Zu viele Menschen haben bei derartigen Überfällen ihr Leben verloren. Aber auch Schnaps wird beschlagnahmt und vor den Augen aller ausgegossen. Ebenso wie in den von der EZLN kontrollierten Gebieten gilt nun auch hier ein striktes Alkoholverbot. Streitigkeiten unter Betrunkenen sollen so unterbunden und das Geld für dringende Einkäufe, Lebensmittel und Kleidung verwendet werden. Diese Maßnahme geht besonders auf den Druck der Frauen zurück. Schließlich haben sie am meisten unter den Folgen exzessiven Alkoholgenusses zu leiden, da sich der Zorn ihrer Ehemänner über die bedrückenden Lebensbedingungen dann oftmals gegen sie richtet.

Auch die kleine Gruppe der Journalisten wird erst nach eingehender Inspektion durchgelassen. Mit revolutionären Parolen werden sie dann, nach einigen Kilometer auf staubigen Feldwegen, im Herzen der Plantage Liquidambar empfangen. Ein seltsamer Geruch liegt in der Luft. Schon auf der Fahrt, wenige Kilometer von der Finca entfernt, war dieser seltsam faulig-süßliche, fast an geronnene Milch erinnernde Duft aufgefallen. Doch hier, wo die reifen Kaffeekirschen in einem Labyrinth dutzender Kanäle zu den Schälmaschinen befördert werden, ist er besonders ausgeprägt. Obwohl die Erntezeit noch nicht begonnen hat, erst im November wird sie einsetzen, verströmen die rauschenden, sich aus Quellen der umliegenden Berge speisenden Wasserwege den eigentümlichen Hauch.

Die Villistas führen die kleine Schar der Journalisten über die Plantage. In der Siedlung der Angestellten beginnt der Rundgang. Der Rangordnung im Betrieb entsprechend liegen oberhalb die Steinhäuschen der Vorarbeiter, ausgestattet mit fließendem Wasser, Duschen und Toiletten. Nicht weit von einer im Zentrum erbauten kleinen Kapelle entfernt liegt das kleine Gefängnis der Finca. In die zwei Zellen wurden aufmüpfige Campesinos gesperrt, wenn sie sich, meist in betrunkenem Zustand am arbeitsfreien Sonntag, gegen die Verhältnisse auflehnten. Etwas weiter unterhalb liegen die großen Baracken, im Volksmund Galleras, zu deutsch: Hühnerställe, oder auch unmißverständlich Galeras, übersetzt: Galeeren, genannt. In diesen zugigen und ungesunden Behausungen wurden während der Ernteperioden über mehrere Monate bis zu 2000 Menschen untergebracht. Dicht an dicht drängten sich hier, in den zehn Meter breiten und dreimal so langen Scheunen, nach der Mühsal des Tages die Familien auf Holzpritschen, nur durch aufgespannte Tücher von ihren »Bettnachbarn« getrennt. Bis zu hundertfünfzig Menschen, Männer, Frauen und Kinder, wurden hier zusammengepfercht. Krankheiten, nicht zuletzt durch die schlechte und mangelhafte Ernährung hervorgerufen, breiteten sich in Windeseile aus. Sanitäre Anlagen oder Klos gibt es nicht. Doch nun sind die Baracken verlassen, niemand will hier freiwillig wohnen. Die Familien der Landbesetzer sind in die Häuser der Vorarbeiter gezogen.

Pedro, Sprecher der Unión Campesino Popular Francisco Villa, erklärt die Ziele der UCPFV. Seine Organisation trete für eine Veränderung der Lebensbedingungen der ArbeiterInnen ein: »Wir schaffen eine neue Realität, gegen Ausbeutung, Polizeiwillkür und Terror der Guardias Blancas.« Besonders letztere, die als Weiße Garden bekannt gewordenen Söldnertruppen der Großgrundbesitzer, werden gefürchtet. Gerade in der Sierra Madre sei, fährt Pedro fort, die Vernetzung der Finqueros mit Funktionären der Staatspartei PRI, Polizeikommandanten und eben diesen Killerkommandos besonders stark. Daher sei es auch so schwer gewesen, eine Campesino-Bewegung aufzubauen. Doch nun werde sich alles ändern: »Wir haben uns entschieden. Vielleicht werden wir wirtschaftlich zunächst schlechter dastehen. Aber Diskriminierung wird es nicht mehr geben. ›Schmutzige Indios‹ haben sie uns genannt, damit ist nun Schluß!«

Der Rundgang auf Liquidambar ist zu Ende und die Gruppe Journalisten macht sich auf die Rückreise. Doch nach wenigen hundert Metern kommt der kleine Konvoi zum Stehen. Eine Kleinigkeit soll den Reportern nicht vorenthalten werden. Nicht weit entfernt vom Schotterweg, inmitten dichten Gestrüpps unzähliger Büsche und Sträucher versteckt, befindet sich ein kleiner Friedhof. Holzkreuze ohne Namen und Daten bezeugen stumm das Ende der Leidenswege unbekannter TagelöhnerInnen. Menschen, die ohne Familien gekommen waren, zumeist Wanderarbeiter aus Guatemala, El Salvador und Nicaragua, liegen hier verscharrt.

»Verhandlungen«

Mit diesen Eindrücken in den Köpfen und abgeknipsten Filmen in den Fototaschen fahren die Reporter nach Tuxtla Gutiérrez, der Landeshauptstadt von Chiapas, um dem Gouverneur den Forderungskatalog der Villistas zu übergeben: Sofortige Freilassung der inhaftierten Campesinos Cándido Muñoz Cruz und Manuel García Gómez, Übertragung der Landtitel von Liquidambar und weiteren Ländereien zugunsten der Familien in Nueva

Palestina und mehreren anderen Siedlungen, Aufhebung aller im Zusammenhang mit Landbesetzungen erhobenen Haftbefehle, Entsendung von Ärzten und medizinischem Material in die Landkliniken dieser Zone.

Durch die Einschaltung der Medien ist aus dem Landkonflikt im abgelegenen Teil der Sierra Madre ein Politikum von überregionaler Bedeutung geworden. Zum ersten Mal erfahren LeserInnen in ganz Mexiko von den Zuständen, die an der Schwelle des 21. Jahrhunderts auf Kaffeeplantagen wie Liquidambar bittere Realität sind. Und auch die seit Beginn des Aufstandes der EZLN zahlreich in Chiapas vertretenen internationalen JournalistInnen beginnen, reges Interesse an den Vorgängen im Distrikt Angel Albino Corzo zu zeigen. Der Gouverneur von Chiapas steht unter Zugzwang.

Am 6. August erreicht eine hochrangige Regierungsdelegation die besetzte Finca. Es handelt sich um den Subsecretario des Bundesstaates Ruben Velázquez, den Regierungsberater Manuel Antonio Grajales, den Direktor für Inneres Nestor Aguirre Espinoza und Saúl Prado, Koordinator für Agrarangelegenheiten. Die Staatsfunktionäre übergeben einen Brief des Gouverneurs, in dem die Aufhebung aller Haftbefehle zugesagt und die Übergabe von 1500 Hektar nicht genauer bestimmten Ackerlandes an die rebellischen Gemeinden in Aussicht gestellt wird. Außerdem wird eine friedliche Lösung ohne jegliches Eingreifen der Polizei garantiert. Jedoch bleibt einer der für die UCPFV zunächst wichtigsten Verhandlungspunkte, das Schicksal ihrer bereits vor der Besetzung inhaftierten Mitstreiter, ohne befriedigendes Resultat. Zwar ist Cándido Muñoz Cruz aus dem Gefängnis von Villaflores entlassen und durch die Regierungsdelegation den Villistas übergeben worden, die sofortige Freilassung von Manuel García Gómez wird seitens der Regierung aber abgelehnt. Lediglich eine Überprüfung des Falles durch die staatliche Menschenrechtskommission CNDH könne es geben. Diese Nachricht ruft den Widerspruch der LandbesetzerInnen hervor. Schließlich ist die CNDH eine Institution, die mehr zum Herunterspielen von Verstößen gegen Menschenrechte durch Staatsorgane, als zur tatsächlichen Aufklärung der Verbrechen dient. Die Mitglieder der UCPFV fühlen sich verhöhnt. Sie lassen die 14 bei der Besetzung genommenen Geiseln frei, nehmen jedoch im Gegenzug die Regierungsdelegation gefangen. Diese wird am nächsten Tag gegen Manuel García Gómez ausgetauscht.

Wahlen ändern nichts

> Das Märchen von den 50 % und den »glatten Wahlen« schlucken nur die Gringos. (Darum ergeht es ihnen so in der internationalen Politik.) Hört! Grämt euch nicht! Ihre Taktik ist es, eine große Lüge so oft zu wiederholen, bis sie sich in Wahrheit verwandelt. Sie werden sich noch einmal irren, es wird ihnen alles unter den Füßen wegbrechen, wie im Januar. Es braucht nur einen kleinen Windstoß.
>
> (Subcomandante Marcos, August 1994)

Zumindest der erste Teil dieser Prognose des Sprechers der EZLN sollte sich nach den Wahlen von 1994 in Mexiko bewahrheiten. Der von Präsident Salinas de Gortari zu seinem Nachfolger bestimmte Ernesto Zedillo erklärt sich zum Sieger: Mit fast 50 % der abgegebenen Stimmen. Zwar werden Berichte von Stimmenkauf, Urnenraub, Doppelzählungen und Manipulation der Wahlergebnisse bekannt, diese »Unregelmäßigkeiten« werden von den Wahlbeobachtern jedoch als »nicht wahlentscheidend« eingestuft. Diego Fernández de Cevallos von der rechtskonservativen Partido de Acción Nacional (PAN) und Cuauhtémoc Cárdenas von der linksgerichteten Partido de la Revolución Democrática (PRD) landen weit abgeschlagen auf den Plätzen zwei und drei, erkennen das Ergebnis jedoch an.

Schwieriger gestaltet sich die Lage in Chiapas. Schon der Wahlkampf hat ernste Zweifel an der Möglichkeit von freien Abstimmungen in einem Bundesstaat aufkommen lassen, der sich im Belagerungszustand befindet. Viele stellen die Frage, warum denn Zehntausende nach Chiapas entsandte Soldaten an den Gouverneurswahlen teilnehmen dürfen. Für Aufregung sorgt aber insbesondere ein Zwischenfall: Amado Avendaño, Jurist, Verleger der Tageszeitung *Tiempo* und als Spitzenkandidat der PRD nach Umfragen unabhängiger Institute aussichtsreichster Bewerber um den Gouverneursposten, erleidet am 25. Juli einen Autounfall. Drei seiner Begleiter sterben noch am Unfallort, er selbst überlebt mit lebensgefährlichen Verletzungen. Ein im Norden Mexikos zugelassener LKW ohne Kennzeichen hatte auf gerader Strecke und ohne erkennbaren Grund die Fahrbahn gewechselt und das Fahrzeug des Politikers frontal gerammt. Dieser Umstand kommt nicht wenigen verdächtig vor. Amado Avendaño befand sich auf dem Weg zu einem Frühstück, zu dem ihn der amtierende PRI-Gouverneur Javier López Moreno kurzfristig geladen hatte. Nach den Wahlen vom 21. August wird das Ermittlungsverfahren gegen den Fahrer des LKW eingestellt. Der Kandidat der Staatspartei PRI, Eduardo Robledo Rincón, wird mit 50 % der abgegebenen Stimmen zum neuen Gouverneur erklärt.

Auch im Distrikt Angel Albino Corzo machen sich die Menschen keinerlei Illusionen. Von Wahlbegeisterung ist hier nichts zu spüren. In Jaltenango hängen hier und da Wahlplakate und Fahnen, an öffentlichen Gebäuden und Plätzen die grün-weiß-roten der PRI, weit seltener und versteckter die gelben der PRD. Seitdem sich die Mitglieder der Unión Campesino Popular Francisco Villa der Finca Liquidambar bemächtigt haben, liegt Spannung in der Luft. Wie werden die Deutschen reagieren? Wie wird es weitergehen? An das Parlament in

Tuxtla Gutiérrez wird in Nueva Palestina kaum ein Gedanke verschwendet. Die Landeshauptstadt ist zu weit weg. Zwar fahren täglich Busse dorthin, drei Stunden Fahrtzeit dauert die Reise im knatternden, jede noch so kleine Ortschaft auf der Strecke anlaufenden Überlandbus, dennoch waren viele Menschen noch nie in Tuxtla Gutiérrez. Wovon die hohen Fahrtkosten bezahlen? Und was sollen sie dort? Seit Generationen führt ihr Weg nur zu den eigenen kleinen Parzellen, wo sie Mais, Bohnen und etwas Kaffee anbauen, oder hoch nach Liquidambar. Und nun haben sie die Finca besetzt. Die Villistas vertrauen auf ihre eigene Stärke.

Sofern sie an den Wahlen teilnehmen, innerhalb der UCPFV ist man da unterschiedlicher Auffassung, geben sie ihre Stimme Amado Avendaño. Mit der PRI wird alles so weitergehen wie bisher oder noch schlimmer. Das wissen sie. Deshalb haben sie auch nach den Wahlen 1988 der Staatspartei den Rücken gekehrt. Und seit dieser Zeit unterstützen sie Roberto Hernández Paniagua, den Lehrer und PRD-Abgeordneten im Kommunalparlament von Jaltenango. Schließlich setzt er sich seit Jahren für ihre Belange ein und prangert, wenn auch folgenlos, hartnäckig die Zustände in diesem Distrikt an. Aber auch er kann den »Wahlsieg« der PRI in Angel Albino Corzo nicht verhindern.

Roberto Hernández Paniagua war früher selbst, wie viele BewohnerInnen der Region, Anhänger der PRI. Mit seinem Wechsel zur oppositionellen PRD hatte er sich den unerbittlichen Zorn der Mächtigen zugezogen. Sie sahen in ihm einen Verräter und Aufwiegler. Alle Drohungen hatte er ignoriert und sogar ein zeitweiliges Berufsverbot in Kauf genommen. Aufgrund seiner guten Kontakte zu den Familien von Nueva Palestina und anderen Orten, wo sich die Villistas organisiert haben, galt er für die Großgrundbesitzer als deren Anführer. Ein tödlicher Vorwurf: Am 6. September wird Roberto Hernández Paniaguas Leiche, von 19 Kugeln durchsiebt, im Distrikt La Concordia aufgefunden. In einer Pressekonferenz am darauffolgenden Tag erklärt Staatsanwalt Arturo Becerra: »Der Mord an Roberto Hernández Paniagua steht in Zusammenhang mit einem Phänomen der Gewalt, das seit Jahren in dieser Zone zu beobachten ist«. Politische Motive mag er ebensowenig erkennen wie die Ermittlungsbehörde. Das Verfahren gegen die »unbekannten Täter« wird bald darauf eingestellt.

Wieder fließt Blut

Wahlbetrug, die Parteilichkeit der Behörden und die Repression haben für die UCPFV-Mitglieder wieder einmal bestätigt, daß mit legalem politischen Kampf kaum Veränderungen zu erwarten sind. Doch entmutigen lassen sie sich nicht. Am 15. September besetzen sie die Kaffeeplantage Prusia (Preußen), im Besitz der von Knoops, einer weiteren deutschen Großgundbesitzerfamilie im Distrikt, und am 25. Oktober die Fincas Sayula, Las Chicharras sowie einhundert Hektar Staatsland. Dadurch haben sie nicht nur die größten Latifundien des Distriktes in ihre Gewalt gebracht, sondern kontrollieren durch zahlreiche Straßensperren auch 90 % des Territoriums von Angel Albino Corzo. In einem offenen Brief wendet sich die UCPFV am 27. Oktober an den Gouverneur von Chiapas: »Wir wollen keinen Krieg, wir wollen Land!« Sie fordern die Legalisierung der enteigneten Ländereien und Verhandlungen über die Fincas Las Delicias, Las Perlas, Monteverde und Berlín, letztere zwei im Besitz der Familie Orantes.

Der Appell der Villistas stößt jedoch auf taube Ohren. Schon einen Tag später wird das Mitglied der UCPFV Porfirio Vázquez Vázquez nahe Sayula von einem »Unbekannten« erschossen. Staatliche Behörden weigern sich, den Leichnam entgegenzunehmen und Untersuchungen einzuleiten. Daraufhin ruft die UCPFV für den

30. Oktober zu einer Protestkundgebung in Jaltenango auf. Die Menschen, die den Sarg ihres ermordeten Compañeros zum Rathaus tragen wollen, kommen nicht weit. Polizisten und Mitglieder der PRI, die sich in der Kreisstadt versammelt haben, beenden durch Schüsse in die Luft, Knüppelschläge und den Einsatz von Tränengas die Demonstration und nehmen neun Personen fest. Diese, darunter drei Familienangehörige des jüngst ermordeten Roberto Hernández Paniagua, werden ins Gefängnis Cerro Hueco gebracht, angeblich, um sie »vor Lynchjustiz der aufgebrachten Menge zu schützen.« Die staatlichen Behörden scheuen vor keiner auch noch so absurden Verdrehung zurück.

Nach diesen Auseinandersetzungen tritt für kurze Zeit relative Ruhe in Angel Albino Corzo ein. Die Kaffee-Ernte beginnt und die Villistas machen sich daran, die roten Kaffeekirschen von den Bäumen zu pflücken. Zum ersten Mal in ihrem Leben arbeiten sie auf eigene Rechnung und ohne Patrón. Doch schon kündigt sich weitere Unruhe an. Carlos Salinas de Gortari übergibt sein Präsidentenamt an Ernesto Zedillo, um sich später mit ausreichend Reisegeld im Gepäck, von 200 Millionen US-\$ wird gemunkelt, über die USA nach Irland abzusetzen. Auch in Chiapas steht der Wachwechsel an PRI- und Regierungsspitze an, begleitet von erheblichen Aufregungen. Schließlich hatte die EZLN unmißverständlich klargemacht, daß sie nur Amado Avendaño akzeptieren und eine Einsetzung des »Wahlbetrügers« Eduardo Robledo Rincón als Bruch des Waffenstillstandes werten würde.

Dennoch wird diesem am 8. Dezember, im Beisein Ernesto Zedillos und geschützt durch die mexikanische Armee, im Theater von Tuxtla Gutiérrez der Gouverneursposten formell übergeben. Zeitgleich ruft Amado Avendaño auf dem zentralen Platz der Stadt vor Tausenden von Menschen eine »Regierung für den demokratischen Übergang« mit ihm als »Gouverneur in Rebellion« an der Spitze aus. Als Sitz wählt die mit ihren 58 Organisationen Amado Avendaño unterstützende Demokratische Versammlung des chiapanekischen Volkes AEDPCH nicht Tuxtla Gutiérrez aus, was sicherlich blutige Auseinandersetzungen mit Anhängern der Regierungspartei nach sich gezogen hätte, sondern die besetzten Gebäude des Instituto Nacional Indígenista (INI) in San Cristóbal.

Auch Delegierte der UCPFV treffen sich regelmäßig mit Vertretern der Gegenregierung, um über Möglichkeiten einer friedlichen Lösung des Landkonflikts in Angel Albino Corzo zu beraten. Immerhin verfügt Amado Avendaño durch die große Anzahl der hinter ihm stehenden Gruppen über einigen Einfluß. Aber Zugang zur realen Macht, dem Agrarministerium und anderen Entscheidungsträgern, hat er nicht. Und gutgemeinte Versprechungen helfen den Menschen in der Sierra Madre nicht weiter. Schließlich gehen die Großgrundbesitzer mit paramilitärischer Gewalt gegen besetzte Fincas vor.

Am 2. Dezember dringt Folke von Knoop mit 60 bewaffneten Gefolgsleuten auf die besetzte Finca Prusia ein. Die politischen Analysen des 37-jährigen Deutschen mögen sicherlich seltsam anmuten: »Die Besetzungen haben auch mit Greenpeace und Sendero Luminoso in Peru zu tun, die alle vorne das Gute zeigen, aber im Hintergrund ist alles gesteuert.« Die Rückgewinnung seines Grund und Bodens hat er sich jedoch fein ausgedacht.

Revolutionäre Parolen rufend nähert sich die kleine Armada der Straßensperre und kann die so in die Irre geleitete Wache überraschen. Was danach passiert, läßt sich schwer rekonstruieren. Laut Folke von Knoop wurde sein Trupp von den zunächst geflüchteten Villistas angegriffen, konnte sich aber, »Gott sei Dank haben wir ein paar Waffen gefunden«, auf der Kaffeeplantage behaup-

Villistas beim Billard im Herrenhaus von Liquidambar

ten. Mindestens einen Toten und sechs Verletzte hat diese Gewaltaktion zur Folge. Später wird der Finca-Besitzer mit einem zur Verstärkung gerufenen Polizei-hubschrauber ausgeflogen. Sechzig Wachleute bleiben auf Prusia, bis sie unter Zurücklassung ihrer Waffen und Ausrüstung vier Tage später das Weite suchen. Prusia wird von der UCPFV wiederbesetzt. Somit sind die größten vier Kaffee-Fincas der Frailesca wieder in Händen der Villistas.

Ebenso turbulent wie dieser Landkonflikt in Angel Albino Corzo entwickelt sich das innenpolitische Szenario in ganz Chiapas. Immer mehr Gemeinden verweigern dem neuen offiziellen Gouverneur die Gefolgschaft. Am Jahreswechsel 1994/95 befindet sich die Hälfte der 111 Distrikte in Rebellion.

II. Das Land denen, die es bearbeiten

»Neu-Spanien ward im Jahr eintausend fünfhundert und siebzehn entdeckt. Im Jahr eintausend fünfhundert und achtzehn ward es von denen, welche sich Christen nannten, geplündert und verwüstet; wiewohl sie vorgaben, sie wollten sich bloß daselbst niederlassen. Vom Jahr eintausend fünfhundert und achtzehn, bis zum Jahr eintausend fünfhundert zwei und vierzig, worin wir gegenwärtig leben, ward die Bosheit, Ungerechtigkeit, Gewalttätigkeit und Tyrannei, welche die Christen in Indien verübten, aufs höchste getrieben.«

Der Dominikanermönch, der 1542 diese Zeilen schrieb, wurde für sie verleumdet, verachtet und gleichzeitig geehrt und geliebt. Bartolomé de las Casas, Bischof des damaligen Ciudad Real, lieh der Königstadt seinen Namen. Sie trägt ihn noch heute: San Cristóbal de las Casas. Doch die »Bosheit, Ungerechtigkeit, Gewalttätigkeit und Tyrannei«, die der streitbare Bischof in einer Denkschrift an den spanischen König anprangerte, überdauerte das Kolonialimperium bis auf den heutigen Tag. Konquistadoren und Kolonisierte, Herrscher und Beherrschte, Mächtige und Entmündigte, Reichtum und Hunger. In Chiapas werden die Furchen der fünfhundertjährigen Vergangenheit auch heute noch jeden Tag neu gezogen.

Nueva Palestina ist überall in Chiapas. Ob es die Dorfgemeinden der Tzeltales in der undurchdringlichen Tiefe des Dschungels der Selva Lacandona, die Tzotzil-Siedlungen im kargen und hügeligen Hochland um San Cristóbal, die Agrarkooperativen in den brütendheißen Niederungen an der Pazifikküste im Soconusco oder die abgelegenen Weiler im Norden um Tila sind: Überall in Chiapas kämpfen die Dorfgemeinschaften um das Land, das ihren Agrarkooperativen zusteht. Und überall sind es die Besitzer der Kaffeeplantagen, die Großgrundbesitzer oder die Viehzüchter, die es ihnen geraubt haben.

Auf ihren kargen Böden bauen die Kleinbauern der Agrarkooperativen Bohnen, Mais, Gemüse und oft etwas Kaffee an. Sie produzieren für den Eigenbedarf, nur den Kaffee verkaufen sie an Zwischenhändler. Das Geld benötigen sie, um das Benzin für den Lastwagen, Werkzeuge und andere lebenswichtige Güter zu kaufen. So wie die Menschen in Nueva Palestina arbeiten im Süden Mexikos Millionen von Kleinbauern. Viele von ihnen sind Angehörige der 56 indianischen Völker Mexikos. Neues Land für eine Erweiterung des Ejidos fordern die Bauernfamilien, weil die Ackerfläche nicht ausreicht für alle und das Land der Kooperativen zu wenig Ertrag abwirft. Deshalb müssen sie sich auch als Tagelöhner auf den Plantagen der Großgrundbesitzer durchschlagen. Solange das Ejido nicht erweitert wird, bleibt ihnen nichts anderes, höchstens noch die Flucht in die Stadt, in die nach Abfall stinkenden und von Ratten heimgesuchten Slums und Wellblechsiedlungen.

Den Kleinbauern in Süd-Mexiko stehen die Viehzüchter und Großgrundbesitzer gegenüber. Sie produzieren für den Weltmarkt. Baumwolle, Kaffee und Früchte, die sie auf ihren Ländereien ernten, landen in den Supermärkten Nordamerikas oder Europas. Immer neues Land verschlingen Plantagenwirtschaft und Viehzucht. Die Regierung ermuntert und unterstützt die exportorientierten Großgrundbesitzer: Die Ejidos seien »unproduktiv« und »veraltet«, die wachsende Exportlandwirtschaft dagegen »modern« und »produktiv«. Die Plantage Liquidambar gilt als vorbildlich, das Ejido Nueva Palestina dagegen als Ballast der Vergangenheit.

Quiptic Ta Lecubtesel

»Das Land denen, die es bearbeiten.« Unter diesem Motto trafen sich 1974 zweitausend Tzotziles, Tzeltales, Choles, Tojolabales, Zoques und Mames zu einer großen Versammlung. Der Bischof von San Cristóbal Samuel

Ruíz hatte die Repräsentanten von dreihundert Dorfgemeinschaften aus dem ganzen Bundesstaat eingeladen. Ein Drittel der Bevölkerung von Chiapas, eine Million Menschen, sind Angehörige indianischer Gruppen. Anlaß des Treffens war der 500. Geburtstag Bartolomé de las Casas. Während dreier Tage klagten die Delegierten die herrschenden Zustände an. Der Indígena-Kongreß von 1974 wurde zum Meilenstein einer selbstbewußten und kämpferischen LandarbeiterInnen-Bewegung in Chiapas. Er war Ausgangspunkt der Politisierung und Radikalisierung der indianischen Gemeinschaften, die ihre Geschicke nun in die eigenen Hände nehmen wollten.

Für die spanischen Konquistadoren waren die Indianer gerade gut genug, um als Lastenträger oder Landarbeiter zu dienen. Die Mentalität der Großgrundbesitzer und der Stadtbürger in Chiapas, die sich als Nachfahren der Eroberer betrachten, hat sich in fünf Jahrhunderten kaum verändert. Die Großgrundbesitzer waren und sind die Herren über Plantagen und Haciendas, die oft Tausende Hektar Land umfassen.

Trotz aller Ungerechtigkeiten: Von der steckengebliebenen Agrarreform der 30er Jahre bis zum Indígena-Kongreß von 1974 blieb die soziale Ordnung zumindest oberflächlich gewahrt. Die Campesinos wagten nicht, sich zu organisieren und zu rebellieren. Sie fürchteten die brutale Repression der Großgrundbesitzer. Gleichzeitig wurde ihre Situation zumindest ein wenig erträglicher, weil die Regierung seit den 50er Jahren begann, Land an neue Ejidos zu verteilen. Meist war es schlechtes Land, aber immerhin besser als keines. Tausende Tzotziles, Tzeltales und Choles begannen, in das bis dahin fast unzugängliche Dschungelgebirge der Selva Lacandona zu ziehen. Sie gründeten dort unter harten Entbehrungen neue Dorfgemeinschaften. Und trotz der unmenschlichen Arbeitsbedingungen und niedrigen Löhne auf den

Kaffeeplantagen zogen Tausende von Landlosen und Ejidatarios weiterhin auch jedes Jahr in den Soconusco oder die Frailesca zur Kaffeernte. Dort verdienten sie zumindest soviel, um sich und ihre Familien am Leben erhalten zu können.

Anfang der 70er Jahre veränderte sich die Situation. Die schnell wachsende Viehzucht, auf die viele der Grundbesitzer in den vorangegangenen Jahren umgestiegen waren, weil die Weltmarktpreise gute Profite erwarten ließen, verschlang immer neue Flächen von Ackerland. Die Ejidos/Dorfgemeinschaften wurde erneut und immer vehementer bedrängt. Gleichzeitig führte die Erosion der überstrapazierten Ackerböden zu immer kleineren Erträgen für eine immer schneller wachsende Bevölkerung in den Dörfern. Landkonflikte nahmen nun an Zahl und Intensität zu. Die Viehzüchter und Kaffeebarone setzten aber mit Unterstützung der Regierung die Vergrößerung ihres eigenen Besitzes durch.

Die erst vor wenigen Jahrzehnten gegründeten Dorfgemeinschaften in der unzugänglichen Selva Lacandona schlossen sich, unterstützt durch Katechisten der Diözese von San Cristóbal und maoistische Aktivisten, zusammen. Sie schufen sich Organisationen, um die Übergriffe der Viehzüchter abzuwehren und Forderungen nach Schulen, Hospitälern, besseren Vermarktungsmöglichkeiten für ihre Produkte und günstige Kredite zu erheben. Einen ihrer Zusammenschlüsse nannten sie auf tzeltal »Quiptic Ta Lecubtesel«, »Vereint durch unsere eigene Kraft«. Von den Ejidos der Selva Lacandona sollten zwanzig Jahre nach dem Indígena-Kongreß zweitausend bewaffnete und vermummte Zapatistas nach San Cristóbal aufbrechen, um der Regierung den Krieg zu erklären. In den Tälern des Dschungels war aus den Ejido-Zusammenschlüssen der 70er und 80er Jahre die Zapatistische Armee der Nationalen Befreiung (EZLN) entstanden.

Im Norden von Chiapas nahm der Kampf der Kleinbauern andere Formen an. In der Kaffeeregion um Simojovel existierten bereits seit den 30er Jahren Ejidos. Doch das fruchtbarste Ackerland besaßen auch hier die großen Plantagenbesitzer. Die Campesino-Familien organisierten sich nun seit den 70er Jahren und begannen mit Landbesetzungen. Gleichzeitig forderten die Tagelöhner auf den Plantagen bessere Arbeitsbedingungen. Diese Bewegungen mündeten im Aufbau einer starken regionalen Organisation der Landarbeitergewerkschaft Central Independiente de Obreros Agrícolas y Campesinos (CIOAC).

Ganz ähnlich verlief die Entwicklung im Zentrum des Bundesstaates. Bereits seit den 60er Jahren schwelte in dieser Zone ein Landkampf, der viele Todesopfer forderte. Ausgangspunkt der Landarbeiter- und Ejido-Bewegung war das Volkshaus »Casa del Pueblo« in Venustiano Carranza. Hier schlossen sich die Bauern in der Organización Campesina Emiliano Zapata (OCEZ) zusammen, die schnell zur radikalsten und größten der unabhängigen Organisationen in Chiapas werden sollte, bis die EZLN am 1. Januar 1994 die Waffen ergriff.

In der Küstenregion Soconusco, dem eigentlichen Herz der Kaffeeplantagenwirtschaft in Chiapas, war es seit Anfang der 80er Jahre zu Landbesetzungen gekommen. Doch die Bewegung konnte sich nicht voll entfalten. Zu stark war die Repression durch die Kaffeebarone, die mit der Aufstellung paramilitärischer Gruppen antworteten. In der Frailesca, in Angel Albino Corzo und den angrenzenden Distrikten waren schon Mitte der 70er Jahre offene Landkonflikte ausgebrochen. So ließ German Schimpf bereits 1977 die von Campesino-Familien besetzte Finca Liquidambar militärisch räumen.

In Nicaragua, El Salvador und dem benachbarten Guatemala befanden sich die revolutionären Befreiungsorganisationen auf dem bewaffneten Vormarsch, und die

Kraft dieser Kämpfe strahlte nach Chiapas aus. Truppenverbände wurden in Chiapas stationiert und 1982 mit Absalón Castellano Domínguez ein General zum Gouverneur bestimmt. Er stammte aus einer der alten chiapanekischen Familien mit großem Landbesitz und regierte Chiapas wie seine Haciendas. 1987 wurde er von der Mexikanischen Menschenrechtsakademie als despotischster Gouverneur ganz Mexikos bezeichnet.

Auch die allgemeine wirtschaftliche Lage sollte sich weiter verschlechtern. 1989 verfielen nach dem Zusammenbruch des Welt-Kaffee-Abkommens die Preise für Rohkaffee um die Hälfte. Tausende von Kleinbauern standen plötzlich vor dem Ruin. Viele von ihnen waren von der Regierung ermuntert worden, auf ihren wenigen Hektar Ackerland neben den Grundnahrungsmitteln auch Kaffee anzubauen. Im Gegensatz zu den Großgrundbesitzern verfügten sie über keinerlei finanzielle Reserven und standen nun vor dem Bankrott.

Als der 1988 durch einen der offensichtlichsten und massivsten Wahlfälschungen in der mexikanischen Geschichte an die Macht gekommene Präsident Carlos Salinas de Gortari 1992 auch noch den Verfassungsartikel 27 über die Landgesetzgebung veränderte, radikalisierte sich die Bewegung der Campesinos und Indígenas. Bisher hatte der von 1917 stammende Artikel 27 der Mexikanischen Verfassung die kollektiven Besitzrechte des Landes von Dorfgemeinschaften formal-juristisch geschützt. Der Artikel war eine Erungenschaft, für die Zehntausende in den Jahren der Mexikanischen Revolution ihr Leben gegeben hatten. Jetzt reformierte ihn Salinas, um Mexikos Eintritt in die nordamerikanische Freihandelszone NAFTA zu ermöglichen. Die kollektiven und unveräußerlichen Eigentumsrechte wurden aufgelöst. Gleichzeitig nahm die Reform den landfordernden Ejido-Bauern jede Perspektive auf neue Landzuteilungen. Der Konzentration von noch mehr Ackerland in den Händen von noch weniger Familien wurde Tür und Tor geöffnet, um Investoren nach Mexiko zu locken. Die Indígenas empfanden die Reform dagegen als ein »Todesurteil«.

Ebenfalls 1992 wurde der 500. Jahrestag der sogenannten »Entdeckung Amerikas« durch Christoph Kolumbus gefeiert. In Chiapas demonstrierten Tausende Indígenas. Während eines großen Protestmarsches in San Cristóbal wurde eine Schlinge um ein Denkmal gelegt und die Figur vom Sockel gestürzt. Es war die Statue von Diego de Mazariegos, dem spanischen Eroberer von Chiapas und Gründer von San Cristóbal. Diego de Mazariegos fiel unter den ungläubigen und bestürzten Blicken aus den Bürgerhäusern und dem Beifall der barfüßigen Indígenas. Bis vor wenigen Jahren mußte in den Straßen San Cristóbals ein Indianer demütig vom Bürgersteig treten, um dem entgegenkommenden Stadtbürger den Weg frei zu machen.

Kaffee und Weltmarkt I

»Wenn die Preise nicht steigen, bedeutet dies früher oder später vielleicht sogar Bürgerkrieg.« Antonio Luciano Abreu, Präsident der Frente de Cafetaleros Solidarios de America Latina, warnte schon 1993 vor den Folgen des verfallenden Preises für Rohkaffee. Das Internationale Kaffee-Abkommen war 1989 am Streit über die Aufteilung von Produktionsquoten zerbrochen. 24 Jahre lang hatte das Abkommen die Weltmarktpreise für Kaffee reguliert und mit einem komplizierten Quotensystem dafür gesorgt, daß der Absatz des Rohstoffes für die Erzeugerländer von Jahr zu Jahr kalkulierbar blieb.

Von 1989 bis 1993 fielen die Preise um über die Hälfte. Aufgrund einer frostbedingten Mißernte in Brasilien zogen sie 1994 wieder an, allerdings nur um anschließend wieder zu sinken. Im Rekordjahr 1986 erzielten die Rohkaffee exportierenden Länder 14,2 Milliarden US-$ für die Ernte, sieben Jahre später waren es nur noch 5,4 Milliarden. »Für Dünger, Geräte und die Erntearbeit haben wir mehr Auslagen, als wir mit dem Rohkaffee schließlich verdienen.« So bringt Domingo Pérez Vázquez, einer der Ejido-Bauern aus Nueva Palestina, das Problem der ungefähr 100 Millionen Kaffee-Kleinbauern in Lateinamerika, Afrika und Asien auf den Punkt.

Das Dilemma für die Kaffeeproduzenten besteht darin, daß sie nicht von heute auf morgen auf ein anderes Agrarprodukt umsteigen können. Bis ein Kaffeebaum Ertrag bringt, gehen mehrere Jahre ins Land. Und die Ackerfläche mit anderen Früchten zu bestellen, bedeutet eine risikoreiche Investition in eine ebenfalls unsichere Zukunft. Außerdem wären damit die Anstrengungen der vergangenen Jahre zunichte gemacht. So bleibt den Kleinproduzenten nur die Hoffnung auf einen Anstieg der Preise. Für die landlosen Campesinos, die sich als Tagelöhner auf den Plantagen verdingen müssen, hat der Preisverfall ebenso drastische Folgen: Die steigende Arbeitslosigkeit läßt die Löhne weiter sinken.

Während weltweit die Preise für Rohkaffee erheblich fielen, blieb der geröstete Kaffee in den Supermärkten vom schwäbischen Bad Cannstatt bis zum ostholsteinischen Lensahn etwa gleich teuer. Es muß also Leute geben, die sich mit der Auflösung des Preiskartells eine goldene Nase verdienen. Zu nennen wäre zum Beispiel Michael R. Naumann aus Hamburg, Chef der Naumann-Kaffee-Gruppe, der größte Kaffeehändler der Welt. Der Hanseat kontrolliert mit seinem Handelsimperium etwa 10 % des Rohkaffee-Welthandels. Von den 8 DM Ladenpreis pro Pfund Kaffee im Supermarkt verbleiben im Schnitt gerade mal 1,50 DM in den Taschen der Erzeuger. Die deutsche Staatkasse verdient mehr am Kaffee als die Produzenten: 2,15 DM pro Pfund gehen an den Fiskus. Den Rest teilen sich die verschiedenen Zwischenhändler, Röster und Transporteure. Die deutsche

Staatskasse nahm 1995 allein 2,3 Milliarden DM an Kaffeesteuern ein, immerhin ein Drittel der Summe, die jährlich für »Entwicklungshilfe« vorgesehen ist. Dabei behauptet die Bundesregierung in ihrer Lateinamerika-Konzeption: »Vorrangiges Ziel der deutschen Entwicklungspolitik – auch in Lateinamerika – ist die Bekämpfung der Armut.« Wäre es ihr ernst damit, könnte sie ohne weiteres die Kaffeesteuern an Kleinbauern-Kooperativen in den kaffeeproduzierenden Ländern auszahlen und damit soziale und kulturelle Projekte finanzieren. So käme den Kleinproduzenten wenigstens ein Teil der Profite zugute, die das Geschäft mit dem Kaffee abwirft. Doch die Bundesregierung verweigert sich solchen Forderungen konsequent.

Wer mit Kaffee Geld verdienen will, darf ihn also nicht produzieren, sondern muß ihn kaufen und verkaufen, so wie Herr Naumann, kassiert Steuern wie die Bundesrepublik Deutschland, oder er macht es wie die deutschen Kolonisten in Chiapas. Ihr Reichtum beruht darauf, daß sie den Kaffee nicht nur produzieren oder von Kleinproduzenten aufkaufen, sondern gleich auch nach Deutschland exportieren und vermarkten. So bleibt der Gewinn in einer Hand, oder zumindest in Familienhand wie bei den Schimpf-Hudlers.

»Gerechter Handel«

Die Familie Peters sichert sich ihr Einkommen auf andere Weise. Ihre Finca Irlanda ist ein ganz besonderes Schmuckstück in den Händen der deutschen Kaffeebarone in Chiapas. Hier wird seit 1928 Kaffee angepflanzt, und zwar »biologisch-dynamisch«. Rudolf Peters, Gründer der Plantage, lernte sein Handwerk noch persönlich beim obersten Anthroposophen-Priester Rudolf Steiner. Mittlerweile wird die Ökofarm von der dritten Generation bewirtschaftet, die der anthroposophischen Lebensweise noch immer treu verpflichtet ist.

Vermarktet wird der Bio-Kaffee von der Firma Lebensbaum mit Sitz in Diepholz und Rehden, unweit von Osnabrück. Sie sorgt dafür, daß der Irlanda-Kaffee in den Regalen der zahlreichen Naturkost- und Bio-Läden in Deutschland steht. Für teures Geld kann man sich dort mit dem nach »Demeter-Richtlinien« angebauten »biologisch-dynamischen« Produkt gesundheitsfördernd eindecken. Gleichzeitig vermittelt Lebensbaum seinen Kunden den Eindruck, mit dem Kauf des Irlanda-Kaffees nicht nur sich selbst etwas Gutes zu tun, sondern auch einen Beitrag zur sozialen Gerechtigkeit zu leisten. Schließlich prangt auf den Kaffeepäckchen ein Siegel mit der Aufschrift »FairTrade«.

Dabei sind die Arbeits- und Lebensbedingungen der LandarbeiterInnen auf Irlanda keineswegs besser als auf den anderen Plantagen. Genau das aber suggeriert die Plakette mit der Aufschrift »FairTrade«. Wer genauer hinschaut wird den Unterschied bemerken. Das »FairTrade« Prädikat ist nämlich einem findigen Anthroposophen-Hirn entsprungen. Es klingt nach dem »Transfair«-Siegel, mit dem tatsächlich von Kleinbauern-Kooperativen stammender Kaffee ausgezeichnet wird, ist es aber nicht. Stattdessen handelt es sich bei »FairTrade« um eine Selbstauszeichnung von Lebensbaum. Den durch das gefakte Siegel plausibel gemachten Aufpreis kassieren der geschäftstüchtige Biobauer Peters und sein erfindungsreicher Zwischenhändler Ulrich Walter von Lebensbaum in die eigenen Taschen. Die naiven Naturkostkunden bezahlen.

Darauf machte die Freie ArbeiterInnen Union (FAU) die Kunden in Deutschland aufmerksam. Die AnarchosyndikalistInnen entfalteten eine Aufklärungskampagne und thematisierten die miserablen Arbeitsbedingungen auf Irlanda und den Konsumentenbetrug in Deutschlands Bioläden. Im Herbst 1996 zeigte das Engagement erste Früchte: Lebensbaum stampfte die Kaffeetüten mit der selbsterfundenen Auszeichnungsmedaille »Fair-Trade« ein und reduzierte das Sortiment um den größten Teil des Irlanda-Kaffees.

Kaffee und Welthandel II

Die Bundesrepublik ist nach den USA der weltweit größte Rohkaffee-Importeur. Die Röstereien und großen Kaffeeverarbeiter in deutschen Hafenstädten machen ein günstiges Geschäft, weil aus den Erzeugerländern kein veredelter Röstkaffee, sondern nur der Rohkaffee eingeführt werden kann. Dafür sorgen die hohen Zölle auf die Einfuhr veredelter Bohnen. Die Industrienationen wissen die Quelle ihres Reichtums zu schützen. Der Freihandel wird nur solange hochgelobt, wie er für sie von Nutzen ist. Konkurrenz aus dem Süden ist unerwünscht.

Trotz der Preiskrise ist Rohkaffee nach wie vor der nach dem Erdöl zweitwichtigste Devisenbringer für die rohstoffexportierenden Länder des Südens. Ruanda, El Salvador, Äthiopien oder Guatemala erwirtschaften mehr als die Hälfte ihrer Exporteinnahmen mit Rohkaffee, Burundi sogar über 90 %. Für diese Staaten war der Preissturz von 1989 so dramatisch wie sechzig Jahre früher die Weltwirtschaftskrise von 1929 für die Industrienationen.

Mexiko liegt weltweit auf dem vierten Platz der kaffeeproduzierenden Länder. 4,4 Millionen Säcke à 60 kg werden hier jährlich geerntet und fast ausschließlich in die USA und nach Westeuropa exportiert. Vor allem die Kleinen der rund 280 000 mexikanischen Kaffeepflanzer sind von der Preiskatastrophe betroffen. Nach Angaben des staatlichen Kaffee-Institutes INMECAFE von 1992 stehen in Mexiko den 258 915 Kleinproduzenten mit Parzellen unter fünf Hektar nur 178 Großgrundbesitzer mit Flächen über 100 Hektar gegenüber. In Chiapas ist die Polarisierung noch deutlicher. Hier produzieren 67 010 Kaffee-Kleinbauern auf Parzellen unter fünf

Hektar, während 116 Kaffeebarone die Eigentümer von Plantagen über 100 Hektar sind. Unter diesen stechen einige wenige Familien mit einem Besitz von über 1000 Hektar hervor, darunter die Schimpf-Hudlers und die von Knoops. Beachtlich ist die Konzentration des Großgrundbesitzes in Chiapas und dort vor allem im Soconusco und der Frailesca, wo die deutschen Kolonisten ihre neue Heimat gefunden haben. Über die Hälfte aller Kaffee-Großgrundbesitzer Mexikos kommen aus diesen Regionen. In Chiapas werden über 30 % des mexikanischen Kaffees geerntet. Bei all den Zahlen über die Landverteilung sollte darauf geachtet werden, daß sie offiziell sind und daher viele der illegal zusammengelegten Latifundien nicht berücksichtigen. Nur 16 % der Anbauer fahren in Mexiko 70 % der Ernte ein, darunter die deutschen Kaffeebarone mit ihren privilegierten Lieferkanälen in die einstige Heimat. Sie leiden am wenigsten unter der Preiskrise.

Bischof Samuel Ruíz bei einer Messe in San Cristóbal

Tabelle

Verteilung der Kaffeeproduzenten nach der Größe ihrer Grundstücke in Chiapas und Mexiko, nach INMECAFE 1992:

Fläche (ha)	Chiapas	Mexiko
weniger als 2	48762	194538
2-5	18248	64377
5-10	5102	17881
10-20	1202	4291
20-50	208	808
50-100	104	246
über 100	116	178
gesamt	73742	282319

Das NAFTA-Abkommen hat die politische Souveränität Mexikos erheblich eingeschränkt. Die USA torpedieren seit dem Zusammenbruch des Welt-Kaffee-Abkommens alle Versuche, ein neues Produzentenkartell zu schmieden. »90 % unserer Ernte geht in die USA, und wir wollen unsere Beziehungen nicht komplizieren. Die Maßnahmen entsprechen nicht dem Geist des Freihandels«, kommentiert Jenaro Hernández de la Moda von der Vereinigung mexikanischer Kaffee-Exporteure (AMEC) die Bemühungen der Kaffee exportierenden Länder, die Preise wieder auf ein für die Produzenten erträgliches Niveau zu heben.

Seitdem Mexiko Anfang der 80er Jahre unter dem Diktat des Internationalen Weltwährungsfonds (IWF) und der Weltbank zu einer Freihandelspolitik gezwungen wurde, sind die Kleinbauern einer Konkurrenz ausgesetzt, der sie niemals standhalten können. Zu ungleich sind die Startvoraussetzungen. Für die Kaffee-Kleinproduzenten in Mexiko kam im Zuge der neoliberalen

Strukturanpassung noch ein weiterer Schlag dazu. Das 1958 gegründete Nationale Kaffee-Institut INMECAFE wurde unter Präsident Salinas privatisiert. Zuvor hatte es die Kleinbauern mit günstigen Krediten unterstützt, sie technisch beraten und ihre Produktion zu garantierten Mindestpreisen aufgekauft. Nach der Privatisierung waren die Kleinproduzenten wieder auf sich alleine gestellt.

Und es ist nicht nur Kaffee, der Chiapas in Richtung Norden verläßt und Armut, Bitternis und Wut hinterläßt. EZLN-Sprecher Subcomandante Marcos schrieb 1992: »Chiapas verblutet auf tausend Wegen: Öl- und Gas-Pipelines, Stromleitungen, Eisenbahnwagen, Bankkonten, Last- und Lieferwagen, Schiffe und Flugzeuge, klandestine Pfade, terrassierte Straßen, Breschen und Schneisen. Dieses Land zahlt den Imperien weiterhin seinen Tribut: Öl, elektrische Energie, Vieh, Geld, Kaffee, Bananen, Honig, Mais, Kakao, Tabak, Zucker, Sorghum, Soja, Melonen, Mamey, Mango, Tamarinde und Avocados und chiapanekisches Blut fließen durch die tausendundein in die Gurgel des mexikanischen Südostens geschlagenen Reißzähne der Plünderung. Milliarden Tonnen an Rohstoffen strömen zu den mexikanischen Häfen, den Eisenbahn-, Flug- und Lastwagenterminals. Es gibt viele Bestimmungsorte – USA, Kanada, Holland, Deutschland, Italien, Japan – aber ein einziges Ziel: das Imperium.«

Die Erhebung der EZLN

»Wir sind das Ergebnis von 500 Jahren Kampf, zuerst gegen die Sklaverei und für die Unabhängigkeit von Spanien, dann um zu verhindern, daß der nordamerikanische Imperialismus uns verschlang, dann für die Verteidigung unserer Verfassung und um das französische Imperium von unserem Boden zu vertreiben. Danach wollte die Diktatur Porfirio Díaz uns die gerechte

Anwendung der Reformgesetze verweigern. Das Volk rebellierte und wählte seine eigenen Führer, nämlich Francisco Villa und Emiliano Zapata, Männer, die aus der Armut kamen wie wir, denen die elementarste Bildung vorenthalten wird, damit man uns als Kanonenfutter verwenden und uns die Reichtümer unseres Bodens entwenden kann. Und es interessiert keinen, daß wir vor Hunger oder an heilbaren Krankheiten sterben, daß wir nichts haben, absolut nichts, nicht einmal ein würdiges Dach, kein Land, keine Arbeit, keine Gesundheit, keine Nahrung, keine Bildung, kein Recht, unsere VertreterInnen frei und demokratisch zu wählen, keine Unabhängigkeit vom Ausland, keinen Frieden und keine Gerechtigkeit für uns und unsere Kinder. Aber heute sagen wir: Ya Basta! – Es reicht!«

Die Kriegserklärung der EZLN an die Regierung rüttelt die Menschen in Mexiko auf. Eigentlich hat die Regierung Salinas den 1. Januar 1994 mit großem Getöse zum Tag des Eintritts Mexikos in die »Erste Welt« erklärt. Das NAFTA-Abkommen über einen nordamerikanischen Binnenmarkt tritt in Kraft. Während in den mit Spiegelglas verkleideten Hochhäusern in Mexiko-Stadt die Champagnerkorken knallen und Banker, Börsenmakler, Manager und Regierungsbürokraten auf neue Profite anstoßen, pfeifen in Chiapas den Regierungstruppen Kugeln aus den Läufen einer revolutionären Armee um die Ohren.

Die EZLN hat in der Neujahrsnacht mit starken Verbänden San Cristóbal und mehrere Kreisstädte im Handstreich besetzt. Auf organisierten Widerstand von Polizei oder Militär stoßen sie kaum. Die größte Kaserne der Bundesarmee in Chiapas, Rancho Nuevo, wird am helllichten Tag angegriffen, und erhebliche Waffenkontingente werden erbeutet. Das hatte niemand erwartet. Eine Guerilla der Landlosen hält die mexikanischen Bundestruppen in Schach.

Doch nach zwei Tagen der Lähmung holt die Regierung zum Gegenschlag aus. Über die Paßstraße von Tuxtla Gutiérrez nach San Cristóbal rücken Panzer, schweres Gerät und Tausende Soldaten vor. In wenigen Tagen sind es 20 000 Uniformierte, denen die Angst vor dem Krieg im Gesicht steht. Die meisten sind selbst Söhne armer Bauernfamilien. Nicht wenige Soldaten desertieren. Militärflugzeuge bombardieren die sich zurückziehenden EZLN-Einheiten und die Zivilbevölkerung, Hunderte sterben.

Doch in der Hauptstadt gehen am 12. Januar 150 000 Menschen auf die Straße und demonstrieren für die Forderungen der EZLN und gegen den brutalen Einsatz der Armee. »Schluß mit dem Massaker!«, steht auf den Transparenten, die Hausfrauen, Arbeiter, Studenten oder Großmütter vor sich her tragen. Sie fordern einen Dialog, um weiteres Blutvergießen zu verhindern. Auch außerhalb des Einflußgebietes der EZLN bricht nun der Widerstand offen aus. In allen Teilen des Bundesstaates beginnen Campesinos und Indígenas, offene Unterstützung für die EZLN und ihre Forderungen zu demonstrieren. Die Regierung muß einlenken. Zu groß ist der Druck von allen Seiten. Auch die internationale Öffentlichkeit reagiert entsetzt: In vielen Ländern kommt es zu Besetzungen mexikanischer Botschaften und zu Protestaktionen. Am 12. Januar 1994 erklärt die Regierung einen Waffenstillstand und beginnt mit halbherzigen Verhandlungen, die noch heute andauern.

Ein Großteil der zivilen Opposition ergreift Partei für die Zapatistas und gegen den Krieg. Auf Fahnen und Transparenten sind die Konterfeis von Emiliano Zapata, Pancho Villa und immer öfter auch des maskierten Subcomandante Marcos zu sehen. »Zapata vive – la lucha sigue – Zapata lebt – Der Kampf geht weiter« ist die Parole, die tausendfach auf Demonstrationen in San Cristóbal und der Hauptstadt Tuxtla Gutiérrez gerufen wird. Rathäuser werden gestürmt und besetzt, Barrikaden an den Dorfeingängen errichtet. Die verhaßten Bürokraten der ewigen Staatspartei PRI – seit 66 Jahren an der Macht – werden aus den Gemeindeverwaltungen verjagt und durch in direkter Abstimmung der Dorfgemeinschaften gewählte Repräsentanten ersetzt.

Allein militärisch ist diese Bewegung nicht zu unterdrücken. Das weiß im Frühjahr 1994 die Regierung in Mexiko-Stadt. Nicht etwa, daß die machtversessene Kaste der PRI-Bürokraten vor Massenmord zurückschrecken würde. Schon 1968 hatte sie den Einsatz der Armee gegen friedlich demonstrierende Studentinnen und Studenten angeordnet. Zwischen 400 und 2000 Menschen, die genaue Zahl ist bis heute unbekannt, wurden wenige Tage vor Beginn der Olympiade in Mexiko auf dem Platz der drei Kulturen erschossen.

Doch jetzt ist die Situation anders. Carlos Salinas de Gortari, der noch vor wenigen Monaten als vorbildlicher neoliberaler Modernisierer weltweit gefeierte Präsident Mexikos, versucht erst einmal Zeit zu gewinnen und übt sich als Chamäleon. Auf der einen Seite demonstriert er öffentlich Dialogbereitschaft, auf der anderen wird die Militarisierung des Bundesstaates fortgesetzt, um einen Militärschlag gegen die EZLN vorzubereiten.

Zwei Pole bilden sich in den ersten Monaten des Jahres 1994 im Kampf für »Land und Freiheit« heraus. Die EZLN hat sich in das unzugängliche Dschungelgebiet der Selva Lacandona zurückgezogen, in die Kernregion ihrer Organisierung. Es sind Tausende, die sie unterstützen oder ihr direkt angehören. Ständig bewaffnete Insurgentes, Mitglieder der Milizen und die Kinder, Frauen und Männer der Familien, ohne deren jahrelange Mithilfe der Aufbau der EZLN unmöglich gewesen wäre. Immer wieder betont dies Comandante Tacho, als am ersten Abend des Nationalen Demokratischen Konventes (CND) am 6. August 1994 vor den 6000 Delegierten aus

Indígenas beim Friedensgebet vor der Diözese

ganz Mexiko Hunderte von Bauernfamilien in einer laut-
losen nächtlichen Demonstration durch das Tal von
Aguascalientes ziehen.

Aus der Selva Lacandona gibt die EZLN mit ihren
Kommuniqués und Aufrufen der Bewegung in ganz
Chiapas Orientierung. Gestützt auf die Macht aus den
Gewehrläufen ihrer KämpferInnen und Kämpfer, mit der
hohen moralischen Autorität und unbestrittenen Legitimität ihrer Rebellion im Rücken, beginnen sie eine
kluge Politik der Allianzen.

Den anderen Pol bilden Dutzende unabhängiger
Bauernorganisationen, die sich noch im Januar 1994 im
Consejo Estatal de Organizaciones Independientes de
Chiapas (CEOIC) zusammenschließen. Eigentlich wollen
die Strategen der Staatpartei PRI mit dem CEOIC ein
Gegengewicht zur EZLN schaffen. Doch fast alle der
Bauern- und Indígena-Organisationen, die sich im
CEOIC koordinieren, solidarisieren sich mit den Forde-
rungen der Zapatistas. Während die PRI-nahen Gruppen
politisch an den Rand gedrängt werden, gewinnen die
seit 1974 entstandenen unabhängigen Organisationen an

Kraft. Auch die Unión Campesina Popular Francisco Villa aus Jaltenango beteiligt sich am CEOIC, der bald neben der EZLN zur zweiten Kraft der Campesino-Bewegung wird. EZLN und CEOIC sind das Resultat des selben historischen Prozesses. Beide – bewaffnete und unbewaffnete – Organisationen formulieren im Frühjahr 1994 gleichlautende Forderungen nach einer grundsätzlichen Landreform, Demokratisierung und einem menschenwürdigen Leben.

Wahlbetrug und Gegenregierung

Die Zapatistas beginnen mit ihrer Strategie, den formalen Dialog mit der Regierung in einen wirklichen Dialog mit allen Oppositionskräften in Mexiko zu verwandeln. So entsteht im Frühjahr 1994 ein Bündnis des CEOIC mit der linksgerichteten Oppositionspartei PRD zur Asamblea Estatal Democrática del Pueblo Chiapaneco (AEDPCH). Diese Demokratische Versammlung des chiapanekischen Volkes wird von der EZLN politisch unterstützt und stellt den Journalisten und Rechtsanwalt Amado Avendaño als Kandidaten für den Gouverneursposten bei den anstehenden Wahlen auf.

Die Wahlen am 21. August 1994 werden zu einer ersten Wasserscheide. In den ersten acht Monaten der Rebellion flutet die lange zurückgehaltene Wut der Bauern fast ungebremst durch die Täler und Ebenen in Chiapas. Doch jetzt bekommt die Bewegung einen ersten Dämpfer. Die PRI hatte in Chiapas stets traumhafte Wahlergebnisse erzielt: 1976 stolze 97,7 %, 1982 knapp über 90 % und 1988 immer noch 89,9 %. In manchen Wahlkreisen gelang der PRI sogar das Meisterstück, mehr Stimmen einzuheimsen, als es Einwohner gab. Erst seit Ende der 80er Jahre gewannen Oppositionskräfte an Raum. Doch nicht selten sind sie Ableger der PRI, vergleichbar mit den »Blockparteien« der ehemaligen DDR. Nur zwei unabhängige Oppositionsparteien spielen seit einigen Jahren eine zunehmend wichtige Rolle: Die von Teilen der Bourgeoisie unterstützte klerikalkonservative Partei der Nationalen Aktion (PAN) und die linksgerichtete Partei der Demokratischen Revolution (PRD). Diese setzt sich aus einer Linksabspaltung der Staatspartei PRI, der alten Kommunistischen Partei und neu entstandenen sozialen Bewegungen zusammen.

1988 hatte Cuauhtémoc Cárdenas, Kandidat und Gallionsfigur der PRD, die Präsidentschaftswahlen nach einer überraschend schwungvollen Kampagne gegen Carlos Salinas de Gortari gewonnen. Präsident ist er dennoch nicht geworden. »Zufällig« fiel in der Wahlnacht des 6. Juli 1988 das zentrale Wahlcomputer-System aus. Die ausgezählten Wahlzettel wurden von der Armee in den Keller des Parlaments transportiert, wo sie »zufällig« durch einen Großbrand vernichtet wurden. Alle Massenproteste gegen den Wahlbetrug gingen ins Leere. Carlos Salinas de Gortari wurde zum Wahlsieger erklärt und von der internationalen Gemeinschaft anerkannt. Die USA wollte schließlich lieber mit dem neoliberalen Salinas als dem linksgerichteten Cárdenas das NAFTA-Abkommen verhandeln.

Im August 1994 verspricht sich nun die Linke erneut einen Wahlsieg Cárdenas', auch die Zapatistas hoffen darauf. Doch diesmal ist die PRI besser vorbereitet. Sie setzt die gut geölte Propagandamaschinerie in Gang und verhilft der rechten »Oppositionspartei« PAN mit ihrem Kandidaten Diego Fernández de Cevallos, einem wortgewaltigen und in seinem Auftreten an einen spanischen Konquistador erinnernden Rechtsanwalt, zu großer Publizität. Die PAN versteht es glänzend, die Unzufriedenheit der Mittelschichten und deren Angst vor einem Bürgerkrieg zu kanalisieren. Die PRI auf der anderen Seite sichert sich ihren Einfluß – wie immer – durch Wahlgeschenke, Erpressung, Manipulation der Wählerverzeichnisse und tausend Kniffe aus dem reichhaltigen

Repertoire der professionellen Trickdiebe in der Parteizentrale. So bleibt PRD-Kandidat Cárdenas relativ isoliert. Zudem kann er sich nicht für ein klares oppositionelles Programm entscheiden, zaudert und schwankt in seinen Aussagen.

Am 21. August 1994 erhält der PRI-Präsidentschaftskandidat Ernesto Zedillo knappe 50 %. Cárdenas landet noch hinter Cevallos auf Platz drei. Das ernüchternde Wahlergebnis und die wieder einmal bewiesene Fähigkeit der PRI, die Opposition in die Schranken zu weisen, versetzt der am 1. Januar in ganz Mexiko ausgelösten Aufbruchstimmung einen gewaltigen Dämpfer.

In Chiapas dagegen stehen die Dinge anders. Der Wahlbetrug ist offensichtlich. Am 19. Dezember besetzen zapatistische Truppen 38 Distriktzentren in Chiapas. Ohne auch nur einen Schuß abzugeben, erhebt sich die EZLN zusammen mit der zivilen Opposition und macht klar, daß der Wahlbetrüger Robledo Rincón in Chiapas keinerlei Legitimität besitzt. Die »Übergangsregierung in Rebellion« des Amado Avendaño gewinnt an Stärke. Gleichzeitig steigt die Kriegsgefahr. Obwohl sich die zapatistischen Guerilleros schon im Morgengrauen des 20. Dezember in ihre Schlupfwinkel zurückziehen und es zu keinen bewaffneten Auseinandersetzungen kommt, leitet die Regierungsarmee eine Offensive ein. Weitere Truppenverbände werden nach Chiapas verlegt, Friedensgespräche rücken in weite Ferne.

Nicht zuletzt dem Bischof von San Cristóbal, Samuel Ruíz, ist es zu verdanken, daß ein Aufflammen offener Kämpfe vermieden werden kann. Mit einem Hungerstreik erwirkt er, daß die von ihm angeführte Vermittlerorganisation CONAI, wie von der EZLN gefordert, durch die Regierung anerkannt und ein demilitarisierter Korridor zwischen EZLN und Regierungstruppen in der Selva Lacandona eingerichtet wird.

Zapatistas im Lakandonischen Urwald

Militärparade von EZLN-Einheiten

III. Familie Schimpf im Maya-Land

Beim Betrachten einer Landkarte von Chiapas fallen die indianischen Namen von Distrikten wie Acapetahua, Berriozabal, Cacahoatan, Escuintla, Huixtla, Ixtapangajoya, Mitontic, Ocozocoautla, Pichucalco, Solosuchiapa, Tecpatan und Yajalon auf. Verwunderung ruft jedoch etwas anderes hervor. Namen wie Lubeka, Bremen, Hamburgo, Hannover und Berlín springen ins Auge. Mit diesen Plantagennamen huldigen deutsche Einwanderer ihrer einstigen Herkunft. Viele sind es nicht, dennoch konnten sie dem Gebiet westlich der Grenze zu Guatemala ihren Stempel aufdrücken. Ihren Nachfahren gehören in der Region die größten und ertragreichsten Anbauflächen für Kaffee.

Widerstandsversuche seitens der Campesino-Familien gegen die »ausländischen Imperialisten«, wie sie nicht nur von Mitgliedern der Unión Campesina Popular Francisco Villa genannt werden, hat es immer gegeben, doch endeten sie stets mit Niederlagen. Seit Jahrzehnten funktioniert das Zusammenspiel der Finqueros mit den Machthabern der seit beinahe 70 Jahren regierenden Staatspartei PRI und lokalen Polizeichefs reibungslos. Bevor die Villistas am 4. August 1994 Liquidambar besetzten, haben sie immer wieder Bittschriften an das Agrarministerium gesandt, um die Vergrößerung ihrer Ejidos zu erreichen. Die Anträge wurden stets abgelehnt oder versickerten in den undurchschaubaren Kanälen der weit verzweigten mexikanischen Bürokratie.

Nur gelegentlich, zumeist vor anstehenden Wahlen, teilte die Regierung ihnen etwas Staatsland zu. Doch diese Schenkungen wurden nur widerwillig angenommen. Denn die Böden waren wenig fruchtbar, lagen verstreut und reichten für die Bedürfnisse der Familien nicht aus. Auf die Plantage Liquidambar machen die Villistas dagegen einen historischen Anspruch geltend: »In der

Nähe von Liquidambar gibt es zwei Siedlungen, Nueva Palestina und Nueva Colombia. Ihnen steht das Land zu, denn sie waren schon vor der Finca da.«

Am 29. Dezember 1994 lädt der Zusammenschluß der Indígena- und Campesino-Organisationen CEOIC-independiente zu einer Pressekonferenz nach San Cristóbal ein. Eine Studie über Landkonflikte und Großgrundbesitz wird vorgestellt. Demnach befinden sich in Chiapas mehr als 60 000 Hektar Anbaufläche im Besitz von lediglich 18 Familien. Zur Erinnerung: 91 % der Kaffeeproduzenten müssen sich mit Anbauflächen unter 5 Hektar begnügen. Eigentlich verbietet die Agrargesetzgebung in Mexiko den Großgrundbesitz. Doch die Kaffeebarone und Viehzüchter wissen, die wirklichen Besitzverhältnisse durch eingesetzte Strohmänner zu verschleiern. Auch Fälschungen der tatsächlichen Größe der Fincas in den Besitzurkunden sind gängige Praxis. Als Nutznießer dieser Machenschaften werden auch ehemalige Regierungsfunktionäre benannt. Besonders die verhaßten Ex-Gouverneure Absalón Castellanos Domínguez und Patrocinio González Garrido Blanco haben ihre Position zur Anhäufung von großen Landgütern ausgenutzt.

Das Eigentum der Familie Schimpf-Hudler zählt mit über 10 000 Hektar, darunter Liquidambar, nach der Studie des CEOIC-independiente zu den Spitzenreitern unter den Latifundien. Die Bauernorganisationen fordern, daß Liquidambar ebenso an die BewohnerInnen der umliegenden Ortschaften übergeben werden muß, wie alle anderen in der letzten Zeit besetzten Fincas. Die Regierungsseite hat für ganz Chiapas eine Verteilung von 31 000 Hektar in Aussicht gestellt. Eine eher bescheidene Zahl. Auf 130 000 Hektar beziffert Jorge Arturo Luna, Sprecher des CEOIC-independiente, das Ausmaß der von Campesino-Organisationen durch direkte Aktionen besetzten Ländereien.

Vom Tropenpflanzer zum Kaffeebaron

Die Großgrundbesitzer können natürlich kein Verständnis für die Landforderungen der Campesinos aufbringen. Marianne Schimpf-Hudler sagt beispielsweise: »Alles ist legal. Mein Großvater ist 1913 aus Deutschland ausgewandert und hat das Land 1918 rechtmäßig von der Compañía Nacional del Soconusco abgekauft.«

Hermann Schimpf wurde am 21. 4. 1890 in Osterode im Harz geboren. 1923 gründete der Niedersachse mit dem 35-jährigen in Guatemala ansässigen US-Bürger Max C. J. Mohr die Kaffeegesellschaft »Mohr y Schimpf«. Damit war der Grundstein für eine Entwicklung gelegt, die seiner Familie mehr als nur ein gutes Auskommen sichern sollte. Parallel mit Hermann Schimpfs Aufstieg wuchs auch der Widerstand der Campesinos. Doch während ihre Bittschriften in den Amtsstuben des Agrarministeriums verstaubten, vergrößerte sich der Besitz des Deutschen stetig. Der 1918 gekauften Ursprungsplantage folgten 1923 La Cruz I und II. 1935 kam Nueva Italia dazu, später wohl noch weitere bis Hermann Schimpf 1976 starb.

1977 war die Finca in 15 Einheiten unterteilt. Für diese besaßen 13 Personen Besitztitel, darunter Hermann Schimpf, sein Sohn German, dessen Ehefrau Gertrude und deren Töchter Margarita und Marianne, zu diesem Zeitpunkt noch minderjährig. Auf niemanden entfielen mehr als 300 Hektar Land, somit war der Agrargesetzgebung genüge getan. Auf den Urkunden für zwei weitere vorgebliche Eigentümer, Justo Gutiérrez Bonifaz und Vidal Bermudez Bermudez, ist als Wohnanschrift die Adresse San Francisco # 1517, Colonia del Valle, Mexico D. F., angegeben, interessanterweise die Hauptstadtresidenz der Familie Schimpf.

Der Fall scheint klar zu sein: »Mit Hilfe dieses Tricks«, meinen die Villistas, »haben die Deutschen ihren Besitz illegalerweise behalten.« Diesen Vorwurf scheinen auch weitere Dokumente zu bestätigen. Eine unendliche Kette von Käufen, Verkäufen und Wiederaufkäufen durchzog das Leben Hermann Schimpfs. Aufschlüsse über die juristische Verfahrensweise geben Verträge aus dem Jahr 1958, ausgestellt vom Notar Alberto Fernández Riveroll in Querétaro. Am 22. Juli des Jahres (Aktennr. 5395) verkaufte Juan Everbusch, vertreten durch Martina Tavera Jiménez, die Fraktion La Cruz II an Juan López Paredes. Ebenfalls am 22. Juli (Akten-Nr. 5399) veräußerte Herbert Pfordte, vertreten durch Hermann Schimpf persönlich, 100 Hektar von La Cruz I an Ernesto Escudero Alonso. Ein alltäglicher Vorgang, doch nur auf den ersten Blick. Denn schon am nächsten Tag wurde von diesen zwei neuen Eigentümern und drei weiteren eine Generalvollmacht (Aktennr. 5405) zugunsten Hermann Schimpfs ausgestellt. Somit war alles beim alten geblieben. Der entscheidende Unterschied: Hermann Schimpf trat nicht mehr als Besitzer der von ihm Jahre zuvor erworbenen Ländereien in Erscheinung, sondern als deren Verwalter.

Gegen dieses Geflecht juristischer Kniffe ist kaum anzukommen. Unwissend in Rechtsfragen, mit geringer oder gar keiner Schulbildung, haben die BewohnerInnen von Nueva Palestina kaum eine Chance. Da nützen auch Besuche bei den zuständigen Behörden nichts. Von einem Tag werden sie auf den nächsten vertröstet: »Die da oben stecken doch alle unter einer Decke. Und so viel Schmiergeld wie der Deutsche haben wir nicht.«

Pesos und Deutschmark

Auch in Hermann Schimpfs Leben mag es fette und magere Jahre gegeben haben. Nicht immer waren die Ernten gut, und die Schwankungen des Weltmarktpreises für Rohkaffee drückten bisweilen die Gewinnspannen. Doch ein armer Schlucker war der Tropenpflanzer aus

Niedersachsen nie. Als Hermann Schimpf am 27. Juli 1976 starb, hinterließ er ein beträchtliches Vermögen. Allein seine in Europa angesammelten Konten, Immobilien und Ländereien besaßen einen Geschäftswert von über 8 Millionen DM. Jahrzehntelang hatte Hermann Schimpf die Exporterlöse unter anderem auf Konten der Ibero-Amerika Bank Hamburg, der Ibero-Amerika Bank Bremen und der Vereins- und Westbank International Luxemburg transferiert. Aber auch auf Schweizer Konten und verschiedenen Wertpapierdepots hortete er seine Profite. Die jährlichen Zinsen hätten ausgereicht, den ArbeiterInnen auf Liquidambar ein mehr als zufriedenstellendes Auskommen zu sichern. Aber solche Ideen waren dem Finquero aus Alemania fremd. Durch den Kauf von Häusern in Hamburg und Niedersachsen ließen sich schließlich noch zusätzliche Einnahmen durch Mieten erzielen. Im niedersächsischen Büren hatte er auch noch einen Forst- und Landwirtschaftsbetrieb erworben. Schätzwert 1977: eine Million.

Und wie es sich für einen Herren seines Standes gebührt, wurde auf das Äußere großer Wert gelegt. Kleine Accessoires wie ein goldener Herrensiegelring in massiver Ausführung und eingravierten Initialien, Manschettenknöpfe mit vier massiven goldenen Kaffeebohnen und Frackhemdknöpfe mit je einer 3/4 Zuchtperle lassen die Kolonialistenmentalität Hermann Schimpfs erahnen. Zuchtperlencolliers mit Diamanten, Goldringe mit Smaragden und Platinohrgehänge mit Brillanten gehörten zur Grundausstattung der Dame des Hauses. Während die TagelöhnerInnen auf Liquidambar nicht wußten, wie sie mit den spärlichen Essensrationen ihre Kinder sattbekommen sollten, lagerte im Safe des Hamburger Bankhauses Max Heinrich Sutor der Familienschmuck, der nach dem Ableben Hermann Schimpfs 1976 auf immerhin 198 130 DM geschätzt wurde.

Berichten älterer Campesinos zufolge hatte Hermann Schimpf auf der Finca persönlich die Arbeiter mit einem Stock angetrieben. Zeit ist Geld, das wußte er. In Deutschland dagegen wollte er nicht als eigennützig gelten. Mit dem »Harz-Sanatorium Hermann Schimpf«, dessen Alleingesellschafter nun der Blindenverband Niedersachsen e. V. ist, schuf er sich nahe seinem Geburtsort Osterode sein eigenes Denkmal, das eine Werbebroschüre in den höchsten Tönen preist: »Ein Kur- oder Erholungsaufenthalt in dem leichten Reizklima am Rande des Süd-Harzes und in unmittelbarer Nähe der malerischen Stadt Osterode ist in jeder Jahreszeit attraktiv. Gesundung und Erholung kann der blinde oder sehbehinderte Gast auch durch tägliche Spaziergänge auf blindengerechten Wanderwegen finden, denn in unmittelbarer Nähe des Sanatoriums befindet sich eines der größten verkehrsfreien und zusammenhängenden Wanderwegenetze Europas. Unsere Gäste erwartet ein erlebnisreiches und vielseitiges Rahmenprogramm. Musikalische Unterhaltungs- und Heimatabende, Gesprächskreise, kreative und künstlerische Angebote sorgen für Abwechslung.« 1,2 Millionen DM ließ sich der edle Spender sein Lebenswerk kosten. Schließlich handelt es sich bei den Patienten dieser »Kur- und Rehabilitationseinrichtung für Sehbehinderte und Blinde« auch nicht um indianische Tagelöhner.

Der Familienbetrieb

Nach Hermann Schimpfs Tod übernahm sein Sohn German das Ruder auf Liquidambar. Wesentliche Veränderungen, von Verbesserungen ganz zu schweigen, brachte dieser Wechsel für die ArbeiterInnen der Plantage nicht mit sich. German Schimpf wurde am 13. April 1918 auf Liquidambar geboren. So besagt es auch eine Urkunde, die die Wand am Zugang zum Verwaltungsgebäude ziert. Allerdings handelt es sich hier nicht um die Geburtsurkunde, sondern um eine Ehrenurkunde der Deutschen Wehrmacht vom 23. Oktober 1938. Vater Hermann Schimpf nahm zwar 1934 die mexikanische Staatsbürgerschaft an, blieb aber zeit seines Lebens ein deutscher Patriot. Ein Intensivkurs in deutschen Tugenden könne auch seinem Filius nicht schaden, dachte er sich wohl. So kam es, daß der in Mexiko geborene Sohn German Schimpf vom 1. Oktober 1936 bis zum 25. Oktober 1938 statt eines Sombreros den Stahlhelm der Hitlerarmee überstülpte. Als Gefreiter des Infanterie-Regiments 73 in Hannover kehrte German Schimpf im Winter 1938, die Ehrenurkunde im Gepäck, auf dem Passagierschiff Iller nach Mexiko zurück.

Nun begannen für German Schimpf die Lehrjahre im Kaffeegeschäft. Schon bald konnte er tatkräftig zur Vermehrung des Familieneinkommens beitragen. Schließlich wurde ihm von seinem Vater im Dezember 1967 eine Generalvollmacht erteilt. Und zehn Jahre später, nach dem Tod des Vaters, durfte er das Erbe antreten.

Ihm und seiner Schwester Hildegard hatte Hermann Schimpf die Ländereien, Immobilien und Konten in Mexiko vermacht. Aber damit wollten sich Hildegard und German Schimpf nicht zufrieden geben. Sie fochten das Testament an, in dem ihr Vater seine europäischen Besitztümer anderen Verwandten und Freunden zugeteilt hatte. Und sie bekamen Recht. Nach Erbauseinandersetzungen, die sich über zwei Jahre bis 1979 hinzogen, erhielten die nimmersatten Kinder zur Abgeltung der Pflichtteilsansprüche die Hälfte der Schweizer Bankkonten, den Familienschmuck, 450 000 US-\$ und eine Auszahlung über 1,13 Millionen DM.

Während sich Hildegard nun gänzlich den angenehmen Seiten des Lebens widmete, führte ihr Bruder das Kaffeegeschäft weiter. Und mit dem nötigen Kleingeld versehen, konnte auch das eine oder andere Malheur, Mißernten und Preisschwankungen unbeschadet überstanden werden. Nach so vielen unternehmerischen Erfolgen sollten sich auch seine Familienhoffnungen erfüllen. Und 1987 war es dann soweit. German Schimpfs Tochter Marianne, als Besitzerin der Liquidambar-Anteile Selva Negra (übersetzt: Schwarzwald) auch nicht untätig, kam unter die Haube.

Am 2. Mai 1987 heiratete die 26-jährige Geschäftsfrau den Sohn des Hamburger Kaffee-Importeurs Karl Hudler. In der Kirche des Heiligen Geistes in Mexiko-Stadt gaben sich Marianne Schimpf und Laurenz Hudler das Ja-Wort. Ergriffen lauschten die geladenen Gäste dem klassischen Orchester, das die Trauung mit Stücken von Mozart, Mendelsson, Vivaldi, Bach, Schubert und Händel untermalte.

Aus aller Welt waren 180 Freunde, Verwandte und Geschäftspartner angereist, um der Eheschließung des Paares beizuwohnen. Auch Gabriele Küstermann von der Import-Export Handelsgesellschaft mbH Intercambio aus Hamburg zählte zum Kreis der Anwesenden. Jahrelange Zusammenarbeit mit der Familie Schimpf hatte ein Verhältnis wachsen lassen, das über das Maß üblicher Geschäftsbeziehungen hinaus ging. So nahm Frau Küstermann auch regen Anteil an den privaten Angelegenheiten der Kaffeepflanzer im fernen Chiapas. In einem Brief vom 15. April 1988 kommt die menschliche Wärme, mit der sie die Geschehnisse auf Liquidambar verfolgte, zum Ausdruck: »Lieber Don German! Eben kam Nina Hudler ins Büro und erzählte, daß Laurenz aus Tuxtla angerufen hatte, um seiner Mutter zu gratulieren und dabei von Ihrem großen Geburtstagsfest auf der Finca berichtet hat. Wie schön, daß alle dort diesen Tag mit ihrem Patrón zusammen feiern konnten. Wir hoffen nun aber sehr auf eine fröhliche Nachfeier in Hamburg.«

In einem anderen Brief an den »Lieben Herrn Schimpf« vom 5. Dezember 1986 heißt es: »Escudero und Contreras sollen mir bitte auf einem extra Bogen genau aufschreiben, wie die Markierungen bei Hannover und Germania aussehen werden. Wie ich aus den ersten Ventas gesehen habe, läuft die Finca Hannover unter dem Namen von Juan Contreras und die Finca Germania unter dem Namen von Guillermo Escudero.« Die beiden genannten Herren, die als Strohmänner die Besitztitel der Fincas unter ihren Namen laufen ließen, gehörten auf der Hochzeitsfeier am 2. Mai 1987 zu den prominenteren Gästen. Guillermo Escudero ist Präsident der Nationalen Kaffeepflanzer Union (UNPC). Später sollte er an der Ausarbeitung der Verträge zur Schaffung der Freihandelszone Mexiko-Kanada-USA beteiligt sein. Am 16. November 1992 wurde ihm für seine Bemühungen eine Ehrenurkunde vom mexikanischen Staatsoberhaupt Salinas de Gortari überreicht.

Doch an die große Politik werden die Hochzeitsgäste kaum gedacht haben, als sie, die musikalische Untermalung durch das abschließende Orgelkonzert genießend, vom nunmehr Ehepaar Schimpf-Hudler aus der Iglesia del Espiritu Santo geleitet wurden. Im »Salon Mayita«, einem liebevoll mit leicht rosa-weißer Farbdominanz dekorierten Festsaal, brachten Pepe González und seine Band die erlesene Gesellschaft in Stimmung. Beim Galadiner, Musik und Tanz konnten Freunde der Vermählten wie Gabriel Orantes, der als Anführer der Todesschwadrone in der Region Frailesca gilt und von der UCPFV mehrerer Morde beschuldigt wird, für einen Moment die Sorgen und Nöte des Alltags vergessen.

Ein Hamburger Yuppie wird zum Kaziken

Nach der Hochzeit mit Marianne Schimpf setzte sich der Hamburger Kaufmannssohn Laurenz Hudler nicht nur ins gemachte Nest in Chiapas, sondern begann sich auch aktiv an der Lokalpolitik beteiligen. Auf die Treffen der PRI-Funktionäre und Großgrundbesitzer der Region wurde er stets geladen. Mit dem chiapanekischen Gouverneur und späteren Innenminister Mexikos, José Patrocinio González Garrido, fühlte sich Laurenz Schimpf-Hudler besonders verbunden. So ließ er es sich nicht nehmen, dem unter der Bevölkerung ob seines autoritären Regierungsstils verhaßten Politiker in einer Zeitungsanzeige am 23. November 1991 zu huldigen: »Die Kaffee-Finca Liquidambar, Distrikt Angel Albino Corzo, gratuliert zusammen mit dem Volk von Chiapas dem Gouverneur Patrocinio González Garrido für die heute gehaltene brillante Regierungserklärung. Gleichzeitig versichern wir dem Mandatsträger, daß dieses Unternehmen seine Programme unterstützen und die Anstrengungen auf dem Gebiet der Produktion verdoppeln wird. Hochachtungsvoll Die Verwaltung.« Am 31. Dezember 1991 erhielt Laurenz Schimpf-Hudler im Gegenzug vom PRI-Chef des Distriktes, Máximo Robledo Hernández, eine Urkunde in Anerkennung seiner »Zusammenarbeit während der Jahre 1989-1991« überreicht.

Die Verbesserung der Infrastruktur des Distriktes lag dem Neu-Mexikaner besonders am Herzen. Nicht ganz uneigennützig. Schließlich waren es in erster Linie die Lastwagen der Fincas, die unter dem schlechten Zustand der Schotterstraße zwischen Jaltenango und Liquidambar zu leiden hatten. Zur Modernisierung des zu seiner Finca führenden Verkehrsweges gründete er die Stiftung »Patronato Pro-Pavimentación«, der er 1994 als Präsident selbst vorstand. Gegen seinen Amtsvorgänger und Geschäftsfreund Salím Moisés wurden zu diesem Zeitpunkt Vorwürfe erhoben, er habe staatliche Zuschüsse für Asphaltierungsarbeiten unterschlagen. Der PRD-Kreistagsabgeordnete und UCPFV-Gründer Roberto Hernández Paniagua forderte am 20. Februar 1994 öffentlich Aufklärung darüber, warum bis dato nur die Zufahrt zur Finca Montegrande, im Besitz von Salím Moisés befindlich und direkt neben Liquidambar gelegen, asphaltiert worden sei. Es waren diese Sticheleien, die Roberto Hernández Paniagua das Leben kosten sollten. Sechs Monate später wurde der PRD-Politiker von Pistoleros erschossen.

Mit der Schaffung eines Naturschutzgebietes in unmittelbarer Nachbarschaft der Finca Liquidambar bot sich Laurenz Schimpf-Hulder Anfang der 90er Jahre ein anderes Betätigungsfeld. Er begleitete als Sprecher der für den »Erhalt der Flora und Fauna« zuständigen Behörde PACONAAC, A.C. einen nicht einflußlosen Posten. Die Plantagenbarone betrieben mittels vorgeblichen Umweltschutzes Interessenpolitik. Mit der Schaffung des Naturschutzgebietes »Reserva de la Biósfera El Triunfo« wurde 1992 in Chiapas ein bedeutender Schritt hinsichtlich der Erhaltung von Flora und Fauna getan. Doch was die Herzen ökologisch gesinnter Menschen höher schlagen läßt, kam für die Kleinbauern der Gemeinde El Pajal einem Alptraum gleich. Von einem Tag auf den anderen wurden 90 % ihrer 967 Hektar umfassenden Agrarkooperative zum Naturschutzgebiet deklariert. Während die benachbarte und auf 3000 Hektar geschätzte Finca Prusia der deutschen Familie von Knoop nicht angetastet wurde, verloren die Campesino-Familien ihre Existenzgrundlage. In der Besetzung der Plantage Prusia im Herbst 1994 sahen die BewohnerInnen El Pajals schließlich die einzige Möglichkeit, ihre Lebensverhältnisse zu ändern: »1976 wurde uns das Land von der Regierung übergeben. Durch die Ausdehnung von Prusia und die Gründung von El Triunfo sind uns weniger als 200 Hektar Land geblieben. Sie sagen, daß wir dort keine Bäume fällen und nichts anbauen dürfen. Aber wo sollen wir denn säen und arbeiten? Wovon sollen wir leben?«

Die Klagen der Menschen aus El Pajal sind kein Einzelfall. Verstöße gegen Naturschutzbestimmungen bringen die Campesino-Familien allerorten mit dem Gesetz in Konflikt. Da sie auf Brennholz für ihre Kochstellen angewiesen sind, bleibt ihnen keine andere Wahl. Auch die Villistas in Nueva Palestina berichten von ähnlichen Problemen. Ökologische Bestimmungen werden von den Großgrundbesitzern als Vorwand genutzt, mißliebige Campesinos zu bestrafen.

Ein hoher Prozentsatz von indianischen Gefängnisinsassen sitzt nach Angaben von Menschenrechtsgruppen wegen derartiger Delikte in Haft. Das ist nicht erst seit 1992 so, sondern hat in Distrikten wie Angel Albino Corzo Tradition. Ein vom ehemaligen Verwalter Liquidambars, Hermann Gerken, an den in Deutschland weilenden German Schimpf gerichteter Brief vom 30. Juni 1987 ist in diesem Zusammenhang aufschlußreich: »Im Augenblick habe ich wieder Schwierigkeiten mit den Leuten, die sich oberhalb von La Cruz festsetzen wollen. Bei meinem letzten Besuch in Tuxtla sagte Lucero mir, daß die Petición in drei von fünf Instanzen abgelehnt ist. Sobrino sagte mir, daß die Terrenos von unseren Leuten in diesen Tagen publiziert werden. Ich habe schon ein Beschwerdeschreiben, von unseren Leuten unterschrieben, an die Forestal geschickt, daß dort oben Bäume gefällt werden. Ich werde alles dransetzen, daß dort oben wieder Ruhe einkehrt.« So einfach ist das: Sich vergewissern, daß die Landforderungen der Campesinos abschlägig beschieden werden, die Parzellen formaljuristisch unter eigene Leute aufteilen und die Land- und Forstbehörde auf die Bauern hetzen.

Doch zurück zu Laurenz Schimpf-Hudler. Acht Pesos, umgerechnet vier DM, hat der Tageslohn vor der Besetzung betragen, sagen die Villistas. 15 Pesos seien ausgezahlt worden, korrigiert Laurenz: »Der Staat legt die Mindestlöhne fest, nicht ich.« Doch war das mit dem Mindestlohn auf Liquidambar so eine Sache. Die Tageslöhne wurden zum Großteil nicht in Bargeld, sondern in Wertmarken, Fichas genannt, ausgezahlt. Diese waren auf Liquidambar gängiges Zahlungsmittel und auch nur

Laurenz Hudler (2. v. rechts) mit Geschäftsfreunden in Mexiko-Stadt

dort gültig. Mit den Fichas konnten die Familien, die während der Ernteperiode mehrere Monate auf der Finca lebten, Dinge des täglichen Bedarfs eintauschen. Zu diesem Zweck war schon vor Jahrzehnten von Hermann Schimpf ein Laden auf Liquidambar eingerichtet worden, die Tienda de Raya.

Trotz staatlichen Verbots wurde diese Praxis aus den Gründerzeiten der Plantagen bis in die heutige Zeit beibehalten. Keineswegs nur auf Liquidambar, aber eben auch dort. Dieser Laden, der größte der Gegend, bedeutete für den Finquero Laurenz Schimpf-Hudler eine enorme Einnahmequelle. Schließlich mußten sich die Familien der Wanderarbeiter mit Lebensmitteln und anderen Dingen versorgen. Dementsprechend war das Sortiment der Tienda de Raya angelegt: Konserven, Reis, Bohnen, Getränke, Seife, Kleidungsstücke, Sandalen, Gummistiefel, Macheten, Werkzeuge, Zigaretten und natürlich billiger Fusel. Die eingetauschten Fichas wurden dann vom Gehaltskonto der TagelöhnerInnen abge-

Ficha (als Lohn ausgegebene Wertmarke) der Finca Prusia

zogen. Die Preise diktierte der Finquero, Konkurrenz gab es ja keine.

»Wie Sklaven wurden wir behandelt«, berichten die Villistas. Nach Ablauf der Ernteperiode besaßen die meisten SaisonarbeiterInnen nur wenig mehr als das Geld für die Rückreise. Ihre Konten, die sich in Händen der Verwaltung und für die zumeist des Lesens und Schreibens unkundigen Menschen außerhalb ihrer Kontrolle befanden, waren nach mehreren Monaten Arbeit leer.

Die vertriebenen Plantagen-Herren fühlen sich nach der geglückten Besetzung ihrer Ländereien mißverstanden und als Opfer einer ungerechtfertigten Kampagne. »Die Finca ist gar kein Großgrundbesitz«, belehrt Laurenz Schimpf-Hudler die Presse, »sondern ein agroindustrieller Komplex, bei dem sich verschiedene Eigentümer zusammentun und ihren Kaffee gemeinsam verarbeiten.« Selbstverständlich werde nicht gegen geltende mexikanische Gesetze verstoßen. »Ich fühle mich schon wie ein Türke in Deutschland«, beschwert er sich. Mit

dieser in einem Nobelhotel der mexikanischen Haupt-
stadt gemachten Erklärung unterstreicht der Kazike von
Angel Albino Corzo seine Fähigkeit zur politischen
Analyse.

Von der Plantage in den Hamburger Hafen

**Mexiko Liquidambar Maragogype Perl,
2 x 250 g, ganze Bohne.**
Eine absolute Kaffee-Rarität mit Namen Maragogype Caracol.
Diese ganz besondere Bohne stammt von der Plantage Liquidambar
im Süden Mexikos. Es handelt sich um eine Mutation des Coffea
Arabica mit extrem großen Bohnen. Die Kirschen dieses Kaffee-
strauches bilden anstelle von zwei kleinen Bohnen eine große rund-
liche Bohne. Im Kaffeesäckchen. **DM 19.95**

Mit diesen Worten wird das Exportgut aus Chiapas
unter der Rubrik ›Caféhaus-Tip‹ im Katalog des Bremer
Versandhauses Paul Schrader & Co., nach eigenem
Dafürhalten »seit 1921 im Dienste anspruchsvoller Kunden«, angepriesen. Bis die Kaffeebohnen in die akkuraten
Portionssäckchen gelangen, ist es jedoch ein weiter und
seit der Plantagengründung bis zur Besetzung 1994
gleich gebliebener Weg.
  Zu Beginn der Ernteperioden quälten sich schwer
beladene Lastwagen die staubigen Straßen zu den Kaffeeplantagen hinauf. Dicht an dicht drängten sich die
Familien der Wanderarbeiter auf den Ladeflächen der
LKWs. Personenbegrenzungen gab es ebensowenig wie
Sitzplätze. Mehrere Stunden mußten die Arbeitsuchen-
den auf den zugigen Pritschen ausharren. Sie kamen oft
von weit her. Aus den Dörfern in den Hügeln nahe San
Cristóbals zum Beispiel, wo die Böden karg sind und eine
Selbstversorgung der Familien nicht zulassen, seit Beginn
der 80er Jahre auch zunehmend aus dem von einer

repressiven Militärdiktatur heimgesuchten Nachbarland Guatemala. Jedes Jahr machten sich die Menschen auf den Weg zu den Sammelstellen, um die beschwerliche Fahrt zu den Kaffeeplantagen anzutreten. Wenn die Fahrer, die im Volksmund Polleros, »Geflügelhändler« genannt wurden, ihre Last beim Verwalter abgeliefert hatten, wurde abgerechnet. Für jede arbeitsfähige Person, und das sind in Mexiko mit Ausnahme der Säuglinge alle, erhielten sie vom Finquero eine Prämie. Diese betrug nicht selten umgerechnet zehn US-$ und wurde den zukünftigen TagelöhnerInnen vom Lohn abgezogen.

Der Arbeitstag begann früh. Noch vor Sonnenaufgang verließen die Familien die Baracken und begaben sich zur Essensausgabestelle. Ein paar Tortillas, Reis, eine Kelle heiße Bohnen und Kaffee bildeten das Frühstück. Zwischen zwei und fünf Pesos wurden dafür pro Person und Tag in Rechnung gestellt. Mit einsetzender Morgendämmerung verließen die Kolonnen die Siedlungen, um auf den ihnen zugewiesenen Flächen ihr Tageswerk zu verrichten. Die Männer und Frauen begannen mit den oberen Zweigen, während die Kinder die Kaffeekirschen von den niedrigeren Ästen klaubten und die auf den Boden gefallenen Früchte zusammensuchten. Die Hänge sind steil und bieten nur unsicheren Halt. Langsam füllten sich die Bastkörbe. Mit zunehmender Sonnenstrahlung verändert sich im Dickicht der Bäume und Sträucher die Luft. Die Feuchtigkeit, die sich während der Nacht angesammelt hat, beginnt zu verdunsten. Unter dem dichten Blätterdach breitet sich eine heiße Schwüle aus.

Ameisen, Moskitos und andere Stechinsekten hinterließen auf den ungeschützten Armen, Hälsen und Gesichtern der KaffeepflückerInnen rote brennende Male. Nach dem Mittagessen, das unter den Sträuchern eingenommen wurde und aus ein bißchen Pozol bestand, in Wasser aufgelöstem süßen Maisteig, wurde bis in den

Villistas präsentieren ein Foto, das die Freundschaft der Schimpf-Hudlers mit dem PRI-Gouverneur Patrocinio González Garrido dokumentiert

Abend hinein weitergepflückt. Nun mußten die bis zu 70 kg schweren Kaffeesäcke zum Beneficio geschleppt werden, oft mehr als einen Kilometer entfernt. Auch die Kinder hatten ihre Last zu tragen. Der Arbeitstag der TagelöhnerInnen endete erst, wenn ihr Tagespensum abgewogen und auf Lochkarten vermerkt war. Während sich die Männer in einem Wassergraben Schweiß, Staub und Müdigkeit vom Körper wuschen, bereiteten die Frauen auf kleinen Feuern das Abendessen: ein paar Tortillas, Reis, eine Kelle heiße Bohnen und Kaffee.

Inzwischen hatte die industrielle Weiterverarbeitung der Kaffeekirschen begonnen. Auf Liquidambar wurde nicht nur die eigene Ernte aufbereitet, sondern auch in der Region aufgekaufter Pergamino, Kaffeebohnen, die aus der Kirsche herausgeschält und getrocknet, aber nicht weiterverarbeitet sind. Schließlich verfügte kaum einer der Tausenden von Kleinproduzenten über die hierfür notwendige Maschinerie.

Erst wenn aus den roten Kaffeekirschen handverlesener Rohkaffee geworden war, wurde er auf LKWs geladen und auf die Reise zu den Abnehmern in Übersee geschickt: F. L. Michaelis in Bremen, E. F. Installé in Antwerpen, Eurocafé in Dubai, P. L. Lorenzen Nachf. in Le Havre, Paulig in Helsinki... Die meisten Kontingente verließen Mexiko jedoch gen Hamburg zu den Kaffeeimportfirmen Schlüter & Maack, Rehm & Co, List & Beisler, Intercambio, Kaffee-Lagerei CSC, Gollücke & Rothfos GmbH, Union Einkaufs- und Handelsgesellschaft, Hamburger Coffee Company und natürlich die Karl Hudler GmbH.

Ein Traum wird wahr

Während Laurenz Schimpf-Hudler am Jahresende 1994 über die Rückeroberung der Ländereien sinniert, herrscht auf Liquidambar reges Treiben. Die Ernte hat begonnen. Und nicht nur das. Für die BesetzerInnen der Plantage ist ein neues Zeitalter angebrochen. Eduardo, Mitglied der UCPFV, erklärt: »Auf den von uns enteigneten Fincas sind die Arbeits- und Lebensformen unterschiedlich. Hier auf Liquidambar wird alles kollektiv verwaltet und bearbeitet. Alle Menschen, die hier arbeiten, sind Mitglieder der Kooperative. Wir bezahlen uns, Männern und Frauen, die gleichen Löhne.«

Zum ersten Mal in ihrem Leben arbeiten die PflückerInnen auf Liquidambar unter Selbstverwaltung. Hügel für Hügel werden angegangen, um die roten Kaffeekirschen zu ernten. Da das Produktionsgebäude nicht, wie in vielen anderen Fällen geschehen, von den Finqueros vor ihrer Flucht sabotiert wurden, läuft der Wasch- und Trocknungsvorgang ohne Schwierigkeiten. Nach dem Abwiegen werden die kleinen Früchte in große Wasserbecken geschüttet, wo sie einige Tage aufquellen. Wenn sich die Hülle von den eigentlichen Kaffeebohnen zu lösen beginnt, werden die Schleusen der Bassins geöffnet. Über ein verzweigtes System von kleinen Kanälen erreichen die Kaffeebohnen schließlich den Platz, wo sie aus dem Wasser gefischt und auf großen Freiflächen getrocknet werden. Nun dauert es nur noch wenige Tage, und der Rohkaffee kann die Plantage verlassen.

Diese Arbeitsschritte sind seit Jahrzehnten gleich geblieben und bleiben es auch nach der Besetzung. Was sich jedoch fundamental verändert hat, ist die Verteilung des Profits. Beim Verkauf des Kaffees gibt es nach Angaben der Villistas keine Probleme. Die Boykottversuche der Großgrundbesitzer seien in dieser Gegend gescheitert, da sich die Aufkäufer das lukrative Geschäft nicht entgehen lassen wollen. Schließlich gibt es nur eine Ernte im Jahr. Und die schlägt sich nicht nur in den Geldbörsen der Händler nieder, sondern läßt vor allem die BesetzerInnen von Liquidambar frohlocken. 60 Pesos pro Tag verdienen sie jetzt, das sind umgerechnet zehn US-$. Auch damit lassen sich keine Reichtümer anhäufen, aber zu einem menschenwürdigen Leben reicht es. Und welch ein Unterschied zu früher. Dieses von den ArbeiterInnen ausgesprochene »früher« klingt, als läge es hundert Jahre zurück. Dabei sind noch nicht einmal sechs Monate vergangen.

Bismarck-Büste und Hakenkreuz-Urkunde im Büro von Liquidambar

IV. Preußen am Pazifik

»Um richtig einzuschätzen, was der Kaffee für diese Küste leisten könnte, reicht es, sich daran zu erinnern, wie Guatemala vor zwanzig Jahren war, und es sich heute anzuschauen. Unbevölkerte Regionen haben sich urplötzlich in gut kultiviertes Ackerland verwandelt. Dörfer und Städte im Niedergang haben sich auf wundersame Art erhoben und bereichern sich immer schneller. Der Handel wächst und das Staatseinkommen steigt an. Die Regierung wird kreditwürdig. Und was vor kurzer Zeit ein niedergehendes, armes, fast ruiniertes Volk war, hat sich dank der einträglichen Ergebnisse des Kaffeeanbaus in einen reichen und florierenden Staat verwandelt. Ich sehe keinen Grund, warum Chiapas nicht das gleiche Ergebnis erreichen könnte, wenn es denselben Weg einschlägt.«

Matías Romero schrieb 1874 voller Begeisterung ein Buch, mit dem er seine Landsleute von den Wundern überzeugen wollte, die der Kaffeeanbau in Chiapas bewirken könne. Romero war ein typischer fortschrittsgläubiger »Liberaler« seiner Zeit und stieg später bis zum mexikanischen Landwirtschaftsminister auf. Doch seine Hoffnung auf »blühende Landschaften«, die der Kaffee wachsen lassen sollte, wurde bitter enttäuscht. Zunächst flankierte er jedoch ideologisch mit seinem Buch die Ansiedlung von Kaffeepflanzern in Chiapas.

Anfangs kamen nur wenige mexikanische und europäische Kolonisten, und oft scheiterten sie an den Widrigkeiten der Natur im unzugänglichen Bergland. Deutsche waren noch nicht unter den ersten Siedlern, die seit den 70er Jahren des 19. Jahrhunderts begannen, kleine Parzellen für den Kaffeeanbau fruchtbar zu machen. Bis dahin lebten im Soconusco nur etwa 2000 Mame-Indianerfamilien und ein paar mestizische Viehzüchter, die dort in aller Abgeschiedenheit Landwirtschaft betrieben. Doch in nur vierzig Jahren wurde aus dem einsamen

Soconusco das Hauptzentrum der mexikanischen Kaffee-produktion. Kolonisten aus aller Herren Länder drangen in den Küstenstreifen vor, der Kaffee wurde über die Ozeane in alle Welt verkauft. Waren es noch in den 70er Jahren nur 50 Tonnen Kaffee pro Jahr, so stieg bis 1908 die jährliche Produktion auf 9200 Tonnen an. Zwar gab es jetzt die von Matías Romero erträumten Landstraßen und »kultiviertes Ackerland«, sogar eine Eisenbahn wurde gebaut, aber ein »reicher und florierender Staat« war nicht in Sichtweite. Die ausgebauten Transportwege wurden zu den »offenen Adern«, durch die der Kaffee-reichtum ins Ausland floß. Die Fruchtbarkeit der Erde verwandelte sich für die Mehrheit der Bevölkerung in die Ursache ihrer Armut.

Von nun an bestimmten Weltmarktpreise, Aktienkurse und Kaffeeabkommen das Schicksal der Menschen im südlichsten Zipfel Mexikos. Und jetzt, um die Jahrhundertwende, begann auch die deutsche Invasion des Soconusco und der Frailesca. Zwei Gründe gab es für den Aufschwung der Kaffeeproduktion in Chiapas: In Europa und Nordamerika wuchs die Nachfrage nach dem schwarzen Muntermacher rapide an. Und in Mexiko bemühte sich die Regierung um eine schnelle Modernisierung des bis dahin noch weitgehend unerschlossenen Landes.

Ein Platz an der Sonne

1877 hatte sich General Porfirio Díaz an die Macht geputscht und sollte sie bis nach dem Ausbruch der Revolution im Jahr 1911 eisern verteidigen. Das selbsterklärte Motto seiner Politik lautete »Orden y Progreso«, Ordnung und Fortschritt. Fortschritt bedeutete: Der forcierte Ausbau eines Straßen- und vor allem Eisenbahnnetzes, die Installierung eines Telegraphensystems und die Ausbildung von technischen Fachkräften. Fortschritt hieß für Porfirio Díaz vor allem die Zerstörung der kollektiven indianischen Landbesitzformen, die Kolonisierung des indianischen »Niemandslandes« durch exportorientierte Plantagen und Haciendas sowie die Ansiedlung von Europäern und Nordamerikanern. Ordnung dagegen, der zweite Eckpfeiler der Modernisierung, meinte die Konzentration der politischen Macht in den Händen des Diktators und den Aufbau einer ihm loyalen Armee und Landpolizei, den berüchtigten Rurales, um lokale Rebellionen im Keim ersticken zu können. Ordnung, das war die wachsende Repression gegen alle Formen der politischen Opposition, gegen die Streikbewegungen der jungen Arbeiterklasse in den Minen oder Textilfabriken und gegen die um ihr Land kämpfenden indianischen Dörfer.

Porfirio Díaz schuf mit seiner Politik die Rahmenbedingungen für die Vervielfachung der Produktion von Exportwaren wie Kautschuk, Kaffee, Tabak, Sisal, Zukker, Textilwaren, der intensiven Förderung von Erzen und Öl sowie der Ausdehnung der Viehwirtschaft. Verblüffend ähnelten die Konzepte der Diktatur Porfirio Díaz' den neoliberalen Rezepten, die IWF und Weltbank den PRI-Machthabern seit Anfang der 80er Jahre vorschreiben: »Ordnung und Fortschritt«. Doch Porfirio Díaz' Politik ließ nicht nur europäische und nordamerikanische Aktiengesellschaften dicke Profite einfahren und machte eine dünne mexikanische Elite zu Superreichen. Sie bereitete auch die Mexikanische Revolution von 1910-1920 vor, die 10 % der Bevölkerung in einem brutalen Bürgerkrieg das Leben kosten und das Land dramatisch verändern sollte.

Die deutschen Kolonisten richteten sich unter Porfirio Díaz in Chiapas ihren aussichtsreichen Platz an der Sonne ein. Angespornt von dem mitgebrachten wilhelminischem Gründergeist und ihrem kolonialen Tatendrang begannen sie, in Chiapas ein Nueva Alemania, ein »Neues Deutschland«, aufzubauen. Als einer der ersten

Pioniere kam 1896 der aus Hamburg stammende Adolf Giesemann in den Soconusco und kaufte sich die Finca El Retiro. Giesemann kannte sich mit der Kaffeeproduktion trefflich aus. Bevor er den Fuß über die mexikanische Grenze setzte, besaß Señor Giesemann bereits Kaffeeplantagen in Guatemala, wo deutsche Kaffeeproduzenten schon seit Mitte des 19. Jahrhunderts emsig am Werk waren. Ursprünglich war der geschäftstüchtige Hanseat Agent eines Hamburger Handelshauses in Guatemala. Jetzt machte er sich selbständig und gründete zusammen mit Wilhelm Stucken, wie er aus der Elbmetropole stammend, eine Kommerzialisierungsfirma, die den im Soconusco angebauten Kaffee im Deutschen Reich vermarkten sollte. Aus der Heimat holte sich Giesemann vertrauenswürdige Mitarbeiter in den Soconusco und kaufte nach und nach die Fincas Argovia, Santa Fe Chinincé und San Nicolas. Bald hatte Giesemann den Aufstieg zum Großgrundbesitzer geschafft. Acht Monate im Jahr inspizierte er hoch zu Roß seine auf 80 000 Hektar geschätzten Ländereien in Mexiko und Guatemala. Die restlichen vier Monate verbrachte er auf Geschäfts- und Erholungsreisen in Europa.

Das Beispiel Giesemann sollte Nachahmer finden. Juan Lüttmann, wie Giesemann Repräsentant eines Handelshauses in Guatemala, machte sich 1899 von seinem Arbeitgeber unabhängig. Mit der finanziellen Rückendeckung des Handelshauses Nottebohm aus Hamburg kaufte er sich mehrere Plantagen. Als Verwalter seiner drei Fincas Las Maravillas, Hamburgo und Germania stellte er die drei Señores Juan Pohlenz, Eric Edelmann und Wilhelm Kahle ein. Wer in den Grundbuchregistern in Chiapas stöbert, wird diesen Familiennamen noch heute regelmäßig begegnen. Juan Pohlenz erstand nach einigen Jahren die Plantagen Bremen, Lubeka und Cuxtepeques in der Sierra Madre del Sur. Guillermo (Wilhelm) Kahle, Stammvater der Familie von Knoop, machte sich ebenfalls selbständig. Er kaufte Lüttmann Germania ab und gründete selbst zwei neue Fincas, die er Hannover und Prusia (»Preußen«) taufte.

Um 1910, nur knappe 15 Jahre nach der Ankunft des deutschen Pioniers Adolfo Giesemann, war der gesamte Soconusco übersät mit Kaffeeplantagen. Fast alle waren in ausländischem, meist europäischem Besitz. Die Mehrheit der neuen Eigentümer stammte aus Deutschland. So konnte Felix Webster Ludewig 1912 im »Tropenpflanzer«, einer in der wilhelminischen Reichshauptstadt Berlin herausgegebenen Kolonisten-Fachzeitschrift, zufrieden auf »Zwanzig Jahre deutsche Kolonisationsarbeit« im Soconusco zurückblicken: »Der Soconusco zeigt uns ein schönes Bild deutscher Kolonisationsarbeit auf mexikanischem Boden. Zu seiner Erschließung haben (...) arbeitsame, europäische, deutsche Pflanzer, die mit verhältnismäßig beschränkten Mitteln ihre Pflanzungen in harter und entsagungsvoller Arbeit langsam und sicher vergrößerten, beigetragen.« Doch das war nur die halbe Wahrheit. Außer der »entsagungsvollen« Kolonisationsarbeit und den so überaus fleißigen deutschen Kaffeepflanzern trugen freilich noch ein paar andere Faktoren zur Blüte der deutschen Kolonie im Soconusco bei.

Kaffee-Imperialismus

Ein Kernstück der Modernisierungspolitik Porfirio Díaz' bestand darin, ausländische Siedler als Kolonisten nach Mexiko zu locken. Sie sollten Land urbar machen und der indianischen Bevölkerungsmehrheit die »Zivilisation« bringen. In 1875 und 1884 erlassenen Gesetzen über die Landkolonisation sah die mexikanische Regierung folgendes Verfahren vor: Der Staat übertrug den Kolonisationsgesellschaften riesige Flächen Land, das von ihnen vermessen und an möglichst europäische

Siedler verteilt werden sollte. Im Gegenzug für diese »Zivilisationsarbeit« verpflichtete sich die Regierung, den Kolonisationsgesellschaften ein Drittel des vermessenen Landes gratis zu übertragen. Bis 1906 verschenkte das Regime von Porfirio Díaz so gigantische 14 % des mexikanischen Nationalterritoriums. Oftmals wurde dabei den indianischen Dörfern fruchtbares Gemeindeland geraubt, indem es einfach als »Niemandsland« deklariert wurde. Riesige Latifundien und Haciendas breiteten sich aus, manche größer als ein mittleres Bundesland in Deutschland. In Chiapas wurde den Kolonisationsgesellschaften nach und nach drei Millionen Hektar – 40 % der Gesamtfläche des Bundesstaates – übertragen.

Die Konzession für mehr als 200 000 Hektar im künftigen Kaffeeparadies Soconusco ging 1886 zunächst an die Chiapas México Colonisation Company aus San Francisco. Doch die amerikanische Gesellschaft vermochte weder genügend Siedler anzuwerben, noch eine versprochene Eisenbahn zu bauen. So vergab die Regierung das Land an die erfolgreichere britische Mexican Land and Colonisation Ltd. mit dem umtriebigen Geschäftsmann Louis Heller an der Spitze. Dieser verfügte über 20 % des chiapanekischen Bodens und das riesige Kapital von 30 Millionen Pesos. Heller verkaufte das Land zu Spottpreisen an ausländische Siedler. So kamen auch die von hanseatisch-protestantischen Unternehmertugenden beseelten Deutschen in den Besitz ihrer künftigen Ländereien.

Doch auch auf andere Weise machte die Politik des Diktators den Aufschwung der Kaffeewirtschaft, und damit die Geschäfte der Deutschen, in Chiapas erst möglich. Der Bau von Eisenbahnen bildete ein weiteres Kernstück der Modernisierungspolitik von Porfirio Díaz. Vorher hatte ein fast unüberwindbares Hindernis für die Expansion der Kaffeeplantagen im Transportproblem bestanden. Auf dem Rücken von Maultieren mußten die

Kaffeesäcke tagelang aus den tief zerklüfteten Bergtälern des Soconusco nach Tapachula gebracht werden. Von dort aus ging es in den 28 steinige Kilometer entfernten winzigen Hafen von San Benito oder ins noch weiter im Norden gelegene Puerto Arista. Doch die beiden Häfen des Soconusco waren für die Ozeanriesen der Pacific Mail Steamship Co., die zweimal im Monat die Küste auf ihrer Reise von San Francisco nach Panama passierten, unzugänglich. So verluden Hafenarbeiter die Säcke vom Maultierrücken in kleine Boote, damit das Exportgut schließlich

Villista im Verwaltungsgebäude von Liquidambar

auf offener See hinter der letzten Brandungswelle in die Dampfschiffe gehievt werden konnte. Nicht selten ging dabei ein wertvoller Sack Kaffee über Bord und am Ufer verfluchte ein wutschnaufender Kaffeehändler die »faulen« indianischen Arbeiter.

Einen Teil des Kaffees verschiffte die Pacific Mail Steamship Co. direkt nach Kalifornien, den Rest – der Panamakanal wurde erst 1914 fertiggestellt – um die Südspitze Chiles herum nach Deutschland, England oder die Ostküste der USA. Nach der Jahrhundertwende nahm die Schiffahrtsgesellschaft Kosmos aus Hamburg den

Verkehr mit dem Soconusco auf und transportierte den Kaffee direkt zu ihrem Ursprungshafen. Doch die Verladeschwierigkeiten blieben. Erst die Fertigstellung der Panamerika-Eisenbahn 1908 entspannte das Transportproblem und verband nun die Pazifikküste auf dem Landweg mit dem Atlantikhafen Puerto México (heute Coatzacoalcos) am Golf von Mexiko. Eine Schmalspurbahn führte nun auch die Küste entlang nach Guatemala. Nutznießer davon waren hauptsächlich die ausländischen Investoren. Ein gewinnbringender Nebeneffekt des Eisenbahnbaus für die Kolonisten im Soconusco bestand außerdem im rapiden Anstieg der Grundstückspreise. So wurde aus dem Grund und Boden, der ihnen von der Regierung praktisch geschenkt worden war, auf einmal wertvolles Land.

Rückendeckung bekam die deutsche Vorhut in Südmexiko auch aus der Heimat. Von großer Bedeutung für den Erfolg der deutschen Kaffeepflanzer waren ihre direkten Verbindungen zu deutschen Handelshäusern und Banken. Die hanseatischen Händler und Finanziers der Häuser Königsberg, Nottebohm, Schröder und Melchess versorgten die Kolonisten mit zinsgünstigen Krediten und vermarkteten den Kaffee aus Chiapas im Reich. Diese Verbindungen, die teilweise über die bereits etablierte deutsche Kaffeekolonie in Guatemala vermittelt wurden, entwickelten sich zum konkurrenzentscheidenden Vorteil der deutschen Pflanzer. Mit dieser Unterstützung konnten sie nach und nach die kleineren Produzenten schlucken und ihr Imperium im Soconusco aufbauen. Bis heute währen die Allianzen zwischen hanseatischen Handelshäusern und den deutschen Kaffeebaronen in Chiapas. Die Heirat Laurenz Hudlers, Junior des Handelshauses Karl Hudler GmbH aus Hamburg, mit Marianne Schimpf ist hierfür ein beredtes Zeugnis.

Freilich waren nicht alle Geschäftsverbindungen so überschwenglich, daß sie gleich mit dem Bund der Ehe besiegelt wurden. Neben der finanziellen Rückendeckung aus Deutschland wurde den tüchtigen Missionaren deutscher Großmachtpolitik aus der Reichshauptstadt Berlin auch politische Unterstützung zuteil. Mehrmals intervenierte die deutsche Regierung für die Interessen der Kaffeepflanzer. Wenn Bettina von Knoop in Tapachula heute also satt und zufrieden im Sessel sitzt, dem Hausdiener dabei zuschaut, wie er die Fliegengitter mit einem Staubwedel säubert, dem Küchenmädchen zuruft, sie solle dem netten jungen Journalisten aus Deutschland doch noch eine Erfrischung servieren und dabei resümiert, die Deutschen in Chiapas hätten ihren Wohlstand ganz alleine geschaffen, dreht sie die Geschichte offensichtlich um.

»Nicht besser als ein Stück Vieh«

»Am Ende der Erntezeit beobachtete man auf der ganzen Strecke zwischen den Plantagen und den indianischen Dörfern eine schmerzgeplagte Karawane von Kranken und Unbekleideten, die Körper voller Wunden von der übermäßigen Arbeit und den Heimsuchungen der tropischen Zone, ohne Schutz durch Kleidung, in vollem Leiden. Sie ließen die Plantagen hinter sich, aber nicht die Schulden, die sie für die nächste Ernte zur Rückkehr verpflichteten. Einige starben auf dem Weg, besiegt durch die Müdigkeit und Erschöpfung.« So schildert ein Zeitzeuge das traurige Bild des nicht enden wollenden Zugs der Arbeitskräfte, die nach der Kaffee-Ernte auf den Plantagen an der Pazifikküste zu Fuß über 200 Kilometer zurück in ihre Heimatdörfer im Hochland von Chiapas pilgerten. Das eiserne Regiment auf den Fincas war klar hierarchisch und ethnisch geregelt. »Sie waren die Patrones, wir waren die Arbeiter, für sie nicht besser als ein Stück Vieh«, erinnert sich ein Campesino. In Händen der Plantagenherren lag auch die Rechtsprechung. Gefängnisse gehörten auf fast allen Fincas, auch auf Liqui-

dambar, zur Grundausstattung. Und was eine »Straftat«
war, das bestimmte der Patrón selbst. Und nicht selten
nahm er für sich auch das »Recht der ersten Nacht«, die
Vergewaltigung der Töchter von Angestellten, in Anspruch. Vergangenheit und Gegenwart vermischen sich
bei den Schilderungen der Campesinos.

Unter dem Patrón, dem Besitzer der Plantage, ran-
gierte in der Hackordnung ein Administrador, der Verwalter. Er lebte mit seiner Familie in einem Haus auf der
Plantage und besaß alle Vollmachten des Patróns, der oftmals ein bequemes Leben in der Stadt dem abgeschiede-
nen Leben auf der Plantage vorzog. Dem Verwalter gingen die Mayordomos als Gehilfen zur Hand, die den
Arbeitsprozeß überwachten. Beide waren fast immer
europäischer Herkunft und die Vertrauensmänner des
Plantagenbesitzers. Untergeordnete Bürokräfte und
Techniker vervollständigten die Chefetage auf den Plantagen. Das ganze Jahr über sorgten qualifizierte Arbeitskräfte für das Funktionieren der Maschinen und die
Pflege der Kaffeebäume. Sie besaßen ein kleines Stück
Land für den Anbau von Lebensmitteln zum Eigenbedarf, das ihnen auf den Fincas zugeteilt wurde.
Während der Erntemonate von November bis März traf
dann das Heer der indianischen Erntehelfer auf den
Plantagen ein. Sie wurden von Caporales beim Pflücken
überwacht und waren der rechtloseste Teil der Arbeiter-
schaft. Auch daran hat sich nichts geändert.

Da in der Kaffeeregion selbst nicht genug Arbeitskräfte lebten und sich nicht genug Freiwillige meldeten,
wurden indianische ArbeiterInnen gewaltsam auf die
Fincas deportiert. Dazu ließen sich die Großgrundbesitzer ein besonders perfides System einfallen. 1904
fuhr Plantagenbesitzer und Hobby-Großwildjäger Guillermo Kahle nach San Cristóbal, in das Zentrum des
Hochlandes, um dort indianische Arbeitkräfte aus den
zahlreichen umliegenden Dörfern anzuwerben. Nur

kurze Zeit später wurden in San Cristóbal, Comitán und Motozintla Agenturen zur Rekrutierung von Erntehelfern eröffnet. Sogenannte Enganchadores oder Habilitadores übernahmen es, Wanderarbeiter für die Plantagen anzuwerben. Normalerweise baute der Enganchador dafür auf den Plätzen der Hochlanddörfer einen Tisch auf und stapelte einige Silberpesos übereinander. Die indianischen Dorfbewohner waren oftmals verschuldet, nicht zuletzt, weil ihnen der fruchtbarste Teil der Anbauflächen geraubt worden war. Daher benötigten sie Geld, um ein krankes Familienmitglied zu versorgen oder eine Beerdigung, eine Hochzeit oder ein traditionelles Fest ausrichten zu können. So blieb ihnen nichts anderes, als das Geld der Enganchadores anzunehmen. Damit waren sie »kontraktiert«. Doch manchmal wurden auch unfreiwillige Arbeitskräfte angeworben. Die Enganchadores bezahlten regelmäßig Lösegelder für Indios, die aus irgendeinem Grund ins Gefängnis gesperrt worden waren. So kamen diese zwar frei, mußten aber dafür auf den Plantagen das Lösegeld abarbeiten. In San Cristóbal genügte als Haftgrund für einen Indianer bereits, angetrunken auf der Straße angetroffen zu werden, nachts durch die Stadt zu laufen oder den Bürgersteig nicht zu verlassen, wenn ein weißer Stadtbewohner des Weges kam.

Gebräuchlich war auch, daß die Enganchadores Landarbeiter zu großen Trinkgelagen mit billigem Fusel einluden, um sie am nächsten Morgen eingesperrt zu halten und auf die Plantagen zu treiben. Einmal in den Fängen des Enganchadores, waren sie ihm auf Gedeih und Verderben ausgeliefert, denn sie hatten sich »verschuldet« und konnten die Schulden nur durch die Arbeit auf einer Finca wieder abbezahlen. Auch wurden die »Schulden« auf die Söhne und Töchter verstorbener Arbeiter vererbt.

In Fußmärschen von vierzig Kilometer pro Tag trieben die berittenen Anwerber und ihre bewaffneten Auf-

Folke von Knoop mit Fotos seiner Ahnen auf Prusia

passer die Karawanen der unglücklichen Gefangenen tagelang durch die Berge der Sierra Madre in Richtung Pazifik. Den Arbeitern wurden dabei Übernachtungskosten, Essen, Steuern, Pflichtimpfungen und tausend Kleinigkeiten in Rechnung gestellt, so daß sie sich jeden Tag weiter verschuldeten. Es gab kein Entrinnen. Die Kaffeebarone kauften dann den Enganchadores die Arbeitskräfte ab, wobei der Anwerber als Kaufpreis die »Schulden« der Verschleppten und einen Extrabonus für jeden kontraktierten Erntearbeiter berechnete.

Auch mit monatelanger zwölfstündiger Knochenarbeit war es den Erntearbeitern unmöglich, sich wieder freizukaufen. Dafür sorgte das System der Tienda de Raya, das die Arbeiter auf den Plantagen erwartete. Kost und Logis bestanden auf den Plantagen zwar nur aus einer Hungerration und einem beengten Holzverschlag, aber selbstverständlich waren sie keineswegs gratis. Denn zu verschenken hatten die Plantagenherren nichts. Umsonst war nur der Tod auf den Kaffeeplantagen, die Beerdigung mußten die Angehörigen allerdings schon wieder aus eigener Tasche bezahlen.

So verließen die Erntearbeiter nach einem Vierteljahr in der »Hölle der Berge« die Plantage mit »Schulden« beim Patrón. Dieser bezahlte ihnen einen Vorschuß, damit sie sich die Heimreise leisten konnten und noch etwas Geld übrigblieb, das sie zuhause für ihre notwendigsten Einkäufe verwendeten. Allerdings verpflichteten sie die »Schulden«, zur nächsten Ernte wieder zurückzukehren. Dafür sorgten im Notfall die Landpolizei oder vom Großgrundbesitzer angeheuerte Pistoleros.

»Vor Kahle, Lüttmann, Edelmann – da hüte sich der kleine Mann«

> »Nein, ich will nicht in den Soconusco gehen. Dort sind die Deutschen, sie sind die Herren der Kaffeeplantagen. Sie sind barbarischer als die Bestien des Urwalds und behandeln dich wie einen Hund.« (B. Traven: *Die Rebellion der Gehenkten*)

Die Arbeitsbedingungen, das Enganche-System und die Tienda de Raya überdauerten die Zeit seit der Jahrhundertwende bis lange nach dem Zweiten Weltkrieg. Die Berichte der Landarbeiter aus Nueva Palestina heute ähneln den Zeugnissen ihrer Großeltern und Urgroßeltern. Das liegt nicht zuletzt daran, daß die Revolution von 1910 bis 1920 an Chiapas, dem südlichsten Bundesstaat Mexikos, fast spurlos vorbeiging. Es kam hier nicht zu einem eigenständigen bewaffneten Aufstand der indianischen Kleinbauern, wie beispielsweise im Zentrum Mexikos im Bundesstaat Morelos, wo sich mit Emiliano Zapata an der Spitze eine bäuerliche Guerillaarmee erhob und für »Land und Freiheit« kämpfte. Die ersten Jahre der Revolution waren in Chiapas vielmehr geprägt durch eine Auseinandersetzung zwischen zwei rivalisierenden Gruppen der Oligarchie. Auf der einen Seite stand dabei eine konservative Gruppe aus dem Hochland, deren Macht sich auf die Kontrolle der indianischen Bevölkerung um San Cristóbal stützte und die mit dem katholischen Klerus eng verbunden war. Mit ihr konkurrierten die Viehzüchter aus dem Tiefland um Tuxtla Gutiérrez, die im Sinne von Porfirio Díaz an wirtschaftlichem Fortschritt interessiert waren.

Als 1914 die Armee des Revolutionsführers Venustiano Carranza nach Chiapas eindrang, sammelte sich die gesamte chiapanekische Oligarchie in einer Bewegung gegen die Eindringlinge aus dem Norden. Die sogenannte Mapachada begann, der bewaffnete Widerstand der alteingesessenen Oligarchie unter der Führung von Tiburcio Fernández Ruíz gegen die neue Revolutionselite, die in Mexiko-Stadt das alte Establishment der Diktatur vertrieben hatte. Die Carranzistas aus dem Norden wollten in Chiapas den Klerus durch die Enteignung der Kirchengüter entmachten und eine fortschrittliche Arbeitsgesetzgebung einführen. Dies vereinte die sich zuvor bekämpfenden Fraktionen der chiapanekischen Oligarchie.

Bis 1920 war es dem neuen Präsidenten Venustiano Carranza nicht gelungen, die chiapanekischen Grundbesitzer militärisch zu unterwerfen. So mußte die neue Staatsmacht aus Mexiko-Stadt klein beigeben. Unter dem Nachfolgepräsident Carranzas, dem Revolutionsgeneral Alvaro Obregón, wurde dann ein *modus vivendi* gefunden: Die chiapanekische Oligarchie wurde in den nachrevolutionären Staat integriert, ohne daß sich Grundlegendes an den sozialen und politischen Verhältnissen in Chiapas änderte. So kommt es, daß in diesem abgelegenen Südzipfel Mexikos noch heute die ungebrochene Tradition der alten, aus kolonialen Zeiten stammenden, Herrschaftselite fortlebt. Zum neuen Gouverneur wurde Ende 1920 der Anführer der chiapanekischen Konterrevolution, Tiburcio Fernández Ruíz, ernannt. Seine Heimat war die Frailesca, die Region um den Distrikt Angel Albino Corzo, die Heimat auch der Villistas aus Nueva Palestina, die noch heute gegen den Triumph der Konterrevolution von damals rebellieren.

Die deutschen Kolonisten hatten mit der Großgrundbesitzermentalität der traditionellen Oligarchie wenig gemein. Die hanseatisch-protestantischen Neuankömmlinge waren nach Chiapas gekommen, um Geld zu verdienen. Die archaischen Strukturen auf den Haziendas, die noch an die Kolonialzeit erinnerten, waren ihnen fremd. Dennoch profitierten auch die neu in Chiapas angesiedelten weltmarktorientierten deutschen Kaffeepflanzer vom Sieg der Mapaches über die Revolutionsarmee, da in Chiapas eine Landreform während der Revolutionszeit völlig ausblieb. Dazu kam, daß auch das neue Revolutionsregime unter Venustiano Carranza und ab 1920 unter Alvaro Obregón ein vitales Interesse an einer ungestörten Kaffeeproduktion hatte. Schließlich wollten auch sie Mexiko »modernisieren«, und außerdem brachte der Kaffee-Export reichliche Steuer- und Deviseneinnahmen ein. Die radikalen Agraristen um Emiliano Zapata waren von der neuen Revolutionselite nach einem kurzzeitigen Bündnis ausgemerzt worden. Zapata selbst wurde auf Befehl Carranzas am 10. April 1919 ermordet. Eine Landreform führte Obregón nur dort durch, wo sich die Landarbeiter und Kleinbauern erhoben hatten, und das war – wie gesagt – in Chiapas nicht der Fall. So verging die Zeit der Revolution, ohne daß die Deutschen um ihre Plantagen bangen mußten.

Während die deutschen Kaffeepflanzer die Revolution unbeschadet überstanden, sorgte der I. Weltkrieg in Europa für eine erste Krise an der Pazifikküste: Die Absatzmärkte in Europa brachen zusammen, und die Schiffahrtsverbindungen waren zeitweise unterbrochen. So mußten die Kaffee-Exporteure notgedrungen neue Märkte erschließen. Letztlich war die Umorientierung aber ein Glücksfall für die Kaffeebarone, da sie nun den Zugang zum stetig wachsenden Markt in Nordamerika fanden und davon in den folgenden Jahren profitierten. So konnte das Wachstum der Plantagen ungehindert weitergehen. Während am Ende der Revolution, im Jahr 1920, im Soconusco etwa 9300 Tonnen Kaffee produziert wurden, waren es 1929, am Vorabend der Weltwirtschaftskrise, stolze 13 700 Tonnen. Die Weltmarktpreise für Kaffee blieben in den 20er Jahren konstant hoch, da Brasilien, der Hauptproduzent, künstlich Kaffee vom Markt zurückhielt, um die Preise zu stabilisieren. Die Plantagen der Deutschen florierten. Immer noch etwa 70 % der Gesamternte wurde damals von der Pazifikküste direkt nach Hamburg oder Bremen verschifft.

Im Deutschen Klub von Tapachula pflegten die deutschen Familien in dieser Zeit ein reges und geselliges Zusammenleben. Da wurde von den Frontabenteuern im I. Weltkrieg erzählt, denn nicht wenige der wehrtauglichen Deutschen hatten sich freiwillig zur Verteidigung des Vaterlandes auf der anderen Seite des Atlantiks gemeldet. Der Deutsche Klub erlebte rauschende Feste: »Das war kein Kulturzentrum. Da wurde Bier gesoffen, mit Geschichten geprahlt, und Skat gespielt. Die meisten waren doch reine Kulturbanausen. Wer aber irgendwie aus der Reihe tanzte, dem wurde eins aufs Haupt gegeben«, kommentiert ein Nachkomme der deutschen Pioniere das damalige Treiben. Auch ein mexikanischer Zeitzeuge erinnert sich an die deutsche Kolonie in Tapachula: »Sie verstanden sich blendend untereinander. Sie feierten zusammen und trafen sich, manchmal auf dieser Finca, manchmal auf einer anderen. Immer sprachen sie deutsch miteinander und heirateten nur andere Deutsche. Sie fuhren in ihr Land und holten sich die Braut auf ihre Finca.«

Mittlerweile war die deutsche Kolonie auf über zweihundert Personen angewachsen. Nicht alle waren kapitalkräftige Großgrundbesitzer, auch mancher Flüchtling oder Desperado suchte an der Pazifikküste nach einer neuen Chance. Vom national gesinnten Mörder eines Offiziers der französischen Besatzungsarmee im Rheinland über ehemalige Freikorps-Kämpfer, einen verhinderten Lokführer, der sich als ambulanter Zahnarzt ein kleines Vermögen zusammenbohrte, bis zum politischen Flüchtling, der bei Arbeiterunruhen in Ostpreußen scharf geschossen hatte, reichte das illustre Spektrum der Gesellschaft. Die Plantagenbarone beschäftigten deutsche Verwaltungsangestellte, Aufseher, Mechaniker, Agrarexperten und Lehrer für ihre Kinder. Die Furcht vor den Mächtigen unter den Deutschen kursierte auch im Deutschen Klub. So hieß dort ein geflügeltes Wort: »Vor Kahle, Lüttmann, Edelmann – da hüte sich der kleine Mann.«

Eine neue Generation deutscher Kaffeepflanzer war in den 20er Jahren herangewachsen. Die Söhne der eingewanderten Familien übernahmen die Fincas ihrer Eltern oder erwarben selbst neues Eigentum. Sie waren meist bereits auf mexikanischem Boden geboren worden, studierten dann aber in Deutschland und übernahmen nach ihrer Rückkehr, trotz allem Patriotismus, die mexikanische Staatsbürgerschaft. Dies geschah nicht zuletzt deshalb, weil es ihnen nach der Revolution Vorteile beim Landerwerb brachte.

Kaffee-Boom und Kommunismus

Die Revolution hatte den Großgrundgundbesitz in Chiapas zwar zunächst weitgehend unangetastet gelassen, doch unverkennbar waren neue Zeiten angebrochen. Der Bürgerkrieg hatte Mexiko grundlegend verändert und neue politische Verhältnisse geschaffen. Die Machtbalance der autoritären Herrschaft Porfirio Díaz' war zerstört worden, und neue politische Akteure traten auf den Plan. In Zentralmexiko konnten die neuen Machthaber den zapatistischen Bauernaufstand nur befrieden, indem sie eine begrenzte Agrarreform durchführten und den Großgrundbesitz beschnitten. Aber auch außerhalb der Einflußzone des zentralmexikanischen Zapatismus regte sich nun eine unabhängige Landarbeiterbewegung. Im Soconusco brach der erste Streik auf einer Plantage bereits 1918 aus. Die Streikenden forderten die Abschaffung der Schuldknechtschaft, die Auflösung der Tiendas de Raya, Lohnerhöhung, Schulbildung und Gesundheitsversorgung. Von nun an sollten die Kaffeeplantagen für über zwei Jahrzehnte nicht mehr zur Ruhe kommen. Eine immer selbstbewußtere Landarbeiterbewegung kämpfte um ihre Rechte. Die Großgrundbesitzer reagierten mit Repression und dem Aufbau der Guardias Blancas, der »Weißen Garden«, die Dutzende von Aktivisten der neugegründeten Gewerkschaften ermordeten.

Die politischen Machtverhältnisse in Chiapas waren in dieser Zeit nicht mehr so statisch wie in den Jahrzehnten zuvor. 1923 hebelte Präsident Obregón den Repräsentanten der alten Oligarchie, Tiburcio Fernández Ruíz, als Gouverneur aus und setzte dafür den eher reformbereiten ehemaligen Revolutionsoffizier Carlos Vidal ein. Unter seiner Herrschaft erhielten die neuen Gewerkschaften einen größeren Spielraum.

Die kapitalistisch organisierte Kaffeeplantagenwirtschaft hatte im Soconusco ein Landproletariat wachsen lassen, das für revolutionäre und kommunistische Ideen empfänglich war. Denn neben den Zehntausenden Erntearbeitern, die jedes Jahr aus den indianischen Dörfern des Hochlands und aus Guatemala auf die Plantagen kamen und nur schwer gewerkschaftlich zu organisieren waren, benötigten die Finqueros auch Arbeitskräfte, die das ganze Jahr über die Plantagen bewirtschafteten. Diese Arbeiter entwickelten bald ein Klassenbewußtsein und interessierten sich zunehmend für vom europäischen Marxismus inspirierte Ideologien.

Der Soconusco wurde so eine wichtige Keimzelle für die spätere Kommunistische Partei Mexikos (PCM).

Am 13. Januar 1920 gründeten in Motozintla eine Handvoll Intellektuelle zusammen mit einer Gruppe von Landarbeitern die Chiapanekische Sozialistische Partei (PSCh). In ihrem Programm forderten sie die Sozialisierung von Land und Industrie sowie den Kommunismus in Mexiko. Bereits ein Jahr später hatte sich die PSCh in eine Massenbewegung mit Unterstützern im ganzen Soconusco verwandelt. Agitatoren ritten in bewaffneten Gruppen über das Land und erklärten den Arbeitern auf konspirativen Versammlungen ihre Ideen, verschiedene Gewerkschaftsorganisationen entstanden. Im September 1922 brach dann im Soconusco ein erster großer zweitägiger Streik aus, an dem sich 7000 Landarbeiter beteiligten. Aus Angst, die Ernte zu verlieren, machten die Grundbesitzer schnelle Zugeständnisse. Doch wurden bei der danach einsetzenden Repressionswelle mehrere Streikführer ermordet.

Die PSCh ließ sich später von Gouverneur Carlos Vidal in das Machtgeflecht seiner Regierung integrieren. Sie ereilte so das Schicksal vieler Oppositionsorganisationen in Mexiko, die durch ein raffiniertes Zusammenspiel von Korruption, Repression und sozialen Zugeständnissen an ihre Basis von der Regierung neutralisiert werden und nur nach außen den Anstrich der Unabhängigkeit tragen. Doch die Selbstorganisation der Landarbeiter ging weiter. Die kleinen und oftmals geheimen Gewerkschaftszirkel auf den Plantagen orientierten sich am Ende der 20er Jahre zunehmend an der verbotenen Kommunistischen Partei. 1928 gründeten die Kommunisten den Bloque Obrero y Campesino und das Sindicato Central de Obreros y Campesinos, beide mit Sitz in Tapachula, als offene Vorfeldorganisationen. Der Bloque nahm Beziehungen zur Kommunistischen Internationalen (KI) auf. Um 1930 kontrollierten die

Kommunisten etwa 80 Gewerkschaftsorganisationen und Agrarkomitees an der Pazifikküste. Kader der KI bereisten den Soconusco, um die Parteistrukturen aufzubauen. Darunter befanden sich auch Deutsche wie Karl Mayen, der 1923 am tragischen Hamburger Aufstand teilgenommen hatte, dann ab 1926 im Lateinamerika-Sekretariat der KI im Hamburger Hafen aktiv war und schließlich 1929 in den Soconusco kam. Dort übernahm Mayen die Parteileitung und koordinierte die breiten gewerkschaftlichen Aktivitäten der Kommunisten an der Pazifikküste. Vom Hamburger Hafen knüpfte die KI in dieser Zeit zahlreiche Verbindungen nach Lateinamerika. Propagandamaterial und Parteifunktionäre wurden auf die Schiffe geschmuggelt. Das Ziel der Weltrevolution beflügelte noch Tausende heute längst vergessene Aktivisten, die ihr Leben dafür einsetzten, wie Karl Mayen.

Weltwirtschaftskrise und Landreform

Auf den Kaffee-Boom der 20er Jahre folgte die Katastrophe der Weltwirtschaftskrise ab 1929. Der Zusammenbruch des Weltmarktes traf die fast ausschließlich vom Export nur eines Konsumgutes abhängige Region mit ungeheurer Härte. In den fünf Jahren von 1928 bis 1933 verfielen die Weltmarktpreise für Kaffee um über 60 %. Die Plantagenbesitzer versuchten, ihre Verluste auf die Schultern der Arbeiter abzuwälzen. Die in den letzten zehn Jahren von den Gewerkschaften hart erkämpften sozialen Errungenschaften wurden durch die Krise wieder zunichte gemacht. Auch kleinere deutsche Kaffeepflanzer wurden jetzt Opfer der Krise und mußten ihre Plantagen verkaufen. Eine noch größere Konzentration von Land in den Händen der wenigen Großgrundbesitzer war die Folge.

Anfangs organisierten sich die Landarbeiter auf den Plantagen hauptsächlich, um gewerkschaftliche Forderungen wie Lohnerhöhungen, die Abschaffung der

Tienda de Raya oder bessere Arbeitsbedingungen zu erreichen. Zunehmend entwickelten sich aus der gewerkschaftlichen Organisierung aber auch die Forderung nach einer Agrarreform. Nicht bessere Arbeitsbedingungen auf den Plantagen der Großgrundbesitzer, sondern ein eigenes Stück Land, das sie selbständig bewirtschaften wollten, wurde zum Ziel vieler Landarbeiter. Schon in der mexikanischen Verfassung von 1917 war durch den Einfluß der Zapatistas im Artikel 27 die Möglichkeit geschaffen worden, kleinbäuerliche Agrarkooperativen auf vom Staat zur Verfügung gestellten Böden einzurichten. In den 30er Jahren breitete sich diese Bewegung für eine Landreform nun auch in den Kaffeeanbauregionen in Chiapas aus. Als 1934 der ehemalige Revolutionsgeneral Lázaro Cárdenas mit einem linksgerichteten Programm die Macht in Mexiko-Stadt übernahm, erhielt die Landarbeiterbewegung zunehmend Unterstützung auch durch die Regierung. Cárdenas war der erste Präsident seit der Revolution, der mit den Versprechungen einer Landreform zumindest ansatzweise Ernst machte. Während seiner Regierungszeit 1934-1940 nahm der Staat den Großgrundbesitzern zahlreiche Ländereien ab und richtete auf diesem Land Ejidos ein. Mit dieser Politik der Landreform von oben versuchte Cárdenas, die sozialen Spannungen auf dem Land zu entschärfen und gleichzeitig der 1929 gegründeten Staatspartei, der später in PRI umgetauften PRM, eine breitere soziale Basis zu schaffen. Die fortschrittliche Agrarpolitik ergänzte Cárdenas außerdem durch die Unterstützung der Forderungen der Arbeiterbewegung bei vielen Streiks sowie durch die Sozialisierung der Erdölindustrie 1938, die sich bis dahin in den Händen britischer und US-amerikanischer Konzerne befunden hatte. Cárdenas schuf damit einerseits die Grundlagen für das System der Staatspartei, das Mexiko bis heute nicht überwunden hat, aber verbesserte andererseits mit seiner Politik auch die sozialen Bedingungen der Arbeiterklasse und großer Teile der Bauernschaft. Davon ist bis heute freilich nichts geblieben.

Auch in den Kaffeeregionen von Chiapas unternahm die Regierung Cárdenas, die den neuen reformfreudigen Gouverneur Efraín Gutiérrez entgegen den Interessen der regionalen Oligarchie eingesetzt hatte, den Vorstoß für eine Agrarreform. Die Gewerkschaften und Agrarkomitees bekamen in ihrem Kampf gegen die Kaffeebarone Rückenwind aus Mexiko-Stadt und Tuxtla Gutiérrez, wo die jeweiligen Regierungen versprachen, die Forderungen der Revolution endlich einzulösen. Der permanente Kleinkrieg in den Kaffeeregionen nahm dadurch an Schärfe zu. Die Finqueros verteidigten ihre Macht und ihre Besitztümer. Noch im Februar 1938 löste beispielsweise Hermann Schimpf die Gewerkschaft der Arbeiter auf der Finca Liquidambar gewalttätig auf. Nur zwei Monate später besuchte Präsident Cárdenas persönlich den Küstenstreifen am Pazifik und warf das Ruder zugunsten der Landarbeiter herum, wenn auch nur vorübergehend, wie sich zeigen sollte. Am 16. März 1939 wurden 8119 Hektar besten Kaffeelandes an 1636 Familienoberhäupter verteilt. Zum ersten Mal konnten sich die Plantagenherren nicht mehr vollständig durchsetzen: Die Familien Braun, Kahle und Lüttmann mußten den neugegründeten Ejidos Land abtreten. Allerdings blieben die Kaffeebarone im Besitz der Kernstücke ihrer Plantagen. Die Quelle ihrer Macht wurde zwar durch die begrenzte Agrarreform am Ende der 30er Jahre nicht angetastet. Die Kräfteverhältnisse hatten sich jedoch verändert. Sie waren nicht mehr die uneingeschränkten Alleinherrscher im Soconusco und der Frailesca.

Viele der neugegründeten Ejidos produzierten jetzt selbständig Kaffee. Doch bald entstanden neue Formen der Abhängigkeit, die bis heute währen. Der Veredelungsprozeß und die Vermarktung des Kaffees im

Ausland blieben in den Händen der alten Großgrund-
besitzerfamilien, die jetzt durch Agenten die Kaffeeproduktion der Kleinbauern aufkauften. Die Coyotes
genannten Zwischenhändler zogen nun zur Erntezeit
durch das Land und spielten die Ejidos und Kleinbauern
gegeneinander aus, um möglichst geringe Preise für die
Kaffee-Ernte zu bezahlen. So blieben auch nach der
Landreform von 1939 die grundlegenden Machtstruk-
turen und Abhängigkeitsverhältnisse im Soconusco
erhalten, wenn sie auch neue Formen annahmen. Ab
1940 verlor sich zudem zusehends der Impuls der Agrarreform. Der Historiker Antonio García de León be-
schreibt die Entwicklung nach dem Ende der Präsidentschaft von Cárdenas: »Verminderte im übrigen Mexiko
die Agrarreform ihre Geschwindigkeit, so wechselte sie
in Chiapas von einer zaghaften Landverteilung in die
Bewegung einer in Zeitlupe gefilmten Schildkröte.«

Von U-Booten und Nazis

So war es nicht die Agrarreform, die die Macht der deutschen Kaffeebarone in Chiapas ernsthaft gefährdete, sondern die Kriegspolitik des nationalsozialistischen
Deutschlands. Am 2. Juni 1942 erklärte Mexiko als Teil
der Alliierten dem Dritten Deutschen Reich, Italien und
Japan den Krieg, nachdem deutsche Kriegsschiffe zwei
mexikanische Öltanker angegriffen hatten. Mit den
diplomatischen Beziehungen war es zwischen Deutschland und Mexiko nach der mexikanischen Unterstützung
der Spanischen Republik von 1936 bis 1939 und des
offenherzigen Asylangebotes an verfolgte antifaschistische Widerstandskämpfer durch Cárdenas ohnehin nicht
weit her. Die Kriegserklärung machte die deutsche Kolonie zum »inneren Feind« Mexikos, und dies sollte weitreichende Auswirkungen für sie haben.

Die große Mehrheit der deutschen Geschäftsleute und
Fabrikanten, die die alteingesessene Kolonie in Mexiko

bildeten, verhielten sich 1933 begeistert oder zumindest loyal gegenüber den neuen Machthabern in Berlin. Die vom deutschen Konsulat in Mexiko-Stadt publizierte »Deutsche Zeitung von Mexiko« schwelgte in Lobeshymnen über das endlich wiedererwachte Deutsche Reich. Im Deutschen Klub von Tapachula war man sich ebenfalls weitgehend einig und stieß auf die NSDAP und ihren Führer an. Zu besonderen Anlässen wie dem Führer-Geburtstag, dem »Anschluß« Österreichs am 13. März 1938 oder der Besetzung Singapurs durch das befreundete Japan wurde hier im großen Stil gefeiert. Nachrichten vom »Führer« fanden über eine Radiostation Verbreitung auf den Kaffeeplantagen und die Hakenkreuzflagge wurde mindestens so hoch gehängt wie die mexikanische Fahne.

1938 fand das Treiben im Deutschen Klub von Tapachula allerdings ein abruptes Ende, als er von Unbekannten niedergebrannt wurde. Möglicherweise stand der Brand in Tapachula in Verbindung mit der Verwicklung deutscher Kaffeebarone in einen rechtsgerichteten Putschversuch gegen Präsident Cárdenas im Mai 1938. Der einflußreiche General Saturino Cedillo mobilisierte damals Truppen gegen Präsident Cárdenas und erhielt dabei Unterstützung durch reaktionäre Teile der mexikanischen Bourgeoisie und wohl auch von Vertretern der erst kurz zuvor gegen heftige Widerstände von Cárdenas enteigneten Ölgesellschaften. Auch einige deutschen Kaffeepflanzer aus Chiapas scheinen mitkonspiriert und den Putsch unterstützt zu haben. Der antifaschistische Präsident der Agrarreform war ihnen zutiefst verhaßt.

In einem Dokument, das nationalsozialistische Aktivitäten in Lateinamerika aufdeckt, erklärte der Jüdische Weltkongreß 1938: »Das Reich ist sehr aktiv in Guatemala, dessen Diktator Ubico ein großer Bewunderer des Führers ist. Die Grenzregion zu Mexiko ist in Händen deutscher Plantagenbesitzer, die sich natürlich gut mit ihren Nachbarn, den Großgrundbesitzern in Mexiko, verstehen. Ihre gemeinsamen Sympathien gelten dem Diktator Ubico, einem Feind des demokratischen mexikanischen Präsidenten Cárdenas. Seit Herbst 1937 werden beeindruckende Mengen von Kriegsmaterial aus Deutschland und Italien auf diesen Plantagen angesammelt. Es sind genau diese Waffen, die dem Putsch des mexikanischen Generals Cedillo im Mai 1938 gedient haben. Es war außerdem möglich zu ermitteln, daß ein Vertrauter Cedillos, ein gewisser Baron von Merck, ehemaliger Offizier der deutschen Armee, von der Gestapo geführt wird und in Verbindung mit Nazi-Gruppen aus Mexiko und den USA steht.«

Abgesehen von dieser Episode warf die mexikanische Regierung den deutschen Kaffee-Finqueros vor, in Funkkontakt mit japanischen und deutschen U-Booten zu stehen, die vor der mexikanischen Pazifikküste kreuzten. Wie tief die Verwicklungen der deutschen Kolonie in den Putsch gegen Cárdenas und wie eng die Verbindungen mit der nationalsozialistischen Einflußnahme in Mexiko gewesen sein mögen, kann letztlich heute nicht mehr genau nachvollzogen werden. Sicher ist jedoch, daß nach dem Kriegseintritt Mexikos die Deutschen in Chiapas der mexikanischen Regierung gefährlich genug erschienen, um mit einem entscheidenden Schlag gegen sie vorzugehen: Ihr Eigentum an der Pazifikküste wurde beschlagnahmt und die Angehörigen der Kolonie in Mexiko-Stadt und Veracruz vorübergehend interniert.

Am 11. Juni 1942 erließ Präsident Avila Camacho ein Dekret, durch das er 77 Kaffeeplantagen in Chiapas, drei in Oaxaca und ein Aufbereitungsunternehmen in Orizaba konfiszierte. Die Fincas im Wert von über zwölf Millionen Pesos standen nun unter der Verwaltung einer staatlichen Treuhandgesellschaft. Zum ersten Mal seit ihrer Ansiedlung hatten die deutschen Kaffepflanzer in

Chiapas ein existenzielles Problem. Doch so schnell gaben sie sich nicht geschlagen. Von Mexiko-Stadt aus beobachteten sie den Gang der Dinge und versuchten, Einfluß zu nehmen. Dabei kam ihnen zupaß, daß die mexikanische Regierung keinerlei Interesse an der Aufteilung der Plantagen oder einer Übertragung des Landes an die umliegenden Ejidos zeigte. Im Gegenteil: Die cardenistische Agrarreform war längst passé und die Regierung setzte alles daran, die Produktion auf den Plantagen ungestört weiterlaufen zu lassen. Schließlich brachte der Kaffee aus Chiapas gute Devisen ein. So kam es, daß die Plantagen im Kern als Produktionseinheiten erhalten blieben und sogar deutsche Fachkräfte weiter angestellt wurden. Immerhin erreichten einige Ejidos, daß ihnen in den Jahren des Krieges lange eingefordertes Land von den Plantagen der Deutschen übertragen wurde.

Ein Großteil der deutschen Kolonisten gab, wie sich zeigen sollte zu Recht, die Aussicht auf eine Rückgabe der Kaffeeplantagen nicht auf und hielt sich in Mexiko-Stadt in Wartestellung. Doch wie schon während des Ersten Weltkriegs eilte auch so mancher Wehrtaugliche während des Zweiten Weltkriegs nach Deutschland zur Fahne. Allerdings hielten nicht alle deutschen Kolonisten die Reihen fest geschlossen hinter Führer, Volk und Vaterland. Zumindet eine rühmliche Ausnahme ist bekannt: Juan Lüttmann, einer der größten Plantagenbesitzer, machte aus seiner Abneigung gegen die Nazis kein Hehl. Er soll den Alliierten sogar ein Flugzeug geschenkt und mit dem nordamerikanischen Außenministerium zusammengearbeitet haben. Die Nazis in Deutschland rächten sich an ihm, indem sie sein Schloß samt Ländereien, die er in Deutschland besaß, enteigneten. Dafür blieben die Kaffeeplantagen im Soconusco während des Krieges in seinem Besitz, was Juan Carlos Lüttmann vorgezogen haben dürfte. Lüttmann scheint auch sonst der bunte Vogel im braunen Nest der deutschen Kolonie gewesen zu sein. Statt in Deutschland zu studieren, zog er es vor, eine Universität in den USA zu besuchen. Und statt einem dumpfen großdeutschen Hurrapatriotismus zu huldigen, führte er ein weltoffenes Leben. Auf seinen Plantagen herrschten allerdings die gleichen Arbeitsbedingungen wie auf denen seiner Nachbarn.

Als wäre nichts geschehen

Doch auch die Konfiszierung der Kaffeeplantagen blieb letztlich nur eine Episode, an die sich die Schimpfs, von Knoops & Co. heute zwar mit Schaudern auf dem Rücken, aber einem Lächeln im Gesicht erinnern können. Zwischen 1946 und 1950 wurden die beschlagnahmten Plantagen wieder ihren deutschstämmigen Besitzern übergeben. Obwohl die Betriebe mangels Fachkräften ziemlich heruntergewirtschaftet waren, warfen sie schon nach nur kurzer Zeit wieder dicke Profite ab. Der Nachkriegsaufschwung in Deutschland und der sich ausweitende konsumorientierte Binnenmarkt in den USA ließen die Kassen im Kaffeegeschäft klingeln. Schnell besetzten die deutschen Familien wieder ihre alte Position an der Spitze der Kaffeepflanzer in Chiapas, wenn auch nicht mehr in ganz so beherrschender Form wie vor dem Krieg. Das neue Agrargesetzbuch von 1943 begrenzte jetzt den Landbesitz einer einzelnen Person auf höchstens 300 Hektar. Doch das Gesetz störte nicht weiter. Die weit über 300 Hektar großen Plantagen der deutschen Familien wurden einfach pro forma auf Familienmitglieder, Freunde oder Strohmänner verteilt. Die Familien Bernstorff, Edelmann, Giesemann, von Knoop, Lüttmann, Pohlenz und Schimpf zählen so nach wie vor zu den größten Kaffeeproduzenten in Chiapas.

Wirtschaftliche Macht paart sich gerne mit politischem Einfluß. Jorge Constantino Kanter, Sproß einer deutschen Kaffeepflanzerfamilie der Nordregion von Chiapas, exponiert sich seit dem Ausbruch des zapatistischen Aufstandes als Führer einer reaktionären Vereinigung von Grundbesitzern, Viehzüchtern und Geschäftsleuten. Er fordert ein hartes Durchgreifen gegen die Landbesetzer und fungiert als einer der Hauptdrahtzieher der Konterrevolution. Im Herbst 1995 gibt er einem Journalisten zu Protokoll: »Wenn wir hier allen Indianern ihr Land zurückgegeben müßten, den Azteken, den Tarahumaras, den Huicholes und wie sie alle heißen, dann müßten wir doch gehen. No cabemos todos – für alle reicht der Platz hier nicht.«

»Arbeit und Ausdauer«

Die von Knoops zählen zu den mächtigsten der deutschstämmigen Familien in Chiapas. Ein Besuch bei Seniorchefin Bettina von Knoop bringt Aufschluß über die Familiengeschichte: »Alle Mexikaner, die ein bißchen Köpfchen haben, werden Ihnen sagen, daß der Soconusco nur dank der Deutschen reich ist«, sagt sie. Und außerdem: »Die Deutschen haben gezeigt, daß man mit Arbeit und Ausdauer zu etwas kommt.« Die von Knoops sind Besitzer der Kaffee-Finca Prusia, zu deutsch »Preussen«, der nach Liquidambar zweitgrößten Plantage im Distrikt Angel Albino Corzo. Bettina von Knoop war nicht nur Zeit ihres Lebens Plantagenherrin, sondern einige Jahre auch Honorarkonsulin der Bundesrepublik Deutschland in Tapachula, der Kaffee-Hauptstadt des Soconusco. Hier besitzen alle deutschen Großgrundbesitzer eine Stadtvilla und in der Innenstadt ein Büro.

Mit der Familie Schimpf-Hudler verbindet Bettina von Knoop eine besondere Nähe, schließlich sind sie gewissermaßen Nachbarn: Ihre Plantage Prusia liegt gleich neben Liquidambar. Wer Bettina von Knoop besuchen will, muß sich allerdings in das standesgemäße Anwesen der Familie in einem noblen Vorort von Tapachula bequemen. Es grenzt direkt an den Gartenzaun des Herrenhauses von Patrocinio González Garrido, dem ehemaligen Gouverneur von Chiapas. Der Gartenzaun sieht freilich eher aus wie ein gelungenes Imitat der Berliner Mauer. Nach seiner Amtszeit in Chiapas wurde Garrido vom Präsidenten Carlos Salinas de Gortari zum mexikanischen Innenminister ernannt. Er ist daher ein nicht überall beliebter Mann, vor allem nicht in Chiapas.

An der ausladenden Pforte zum Park um die Villa der von Knoops spazieren zwei muskulöse Pittbull-Terrier herum. »Keine Angst, die beißen nicht«, beruhigt ein Hausdiener, der den Vierbeinern eilig hinterhertrabt, und die Toreinfahrt öffnet. »Das Taxi kann bis direkt vor das Haus fahren«, versichert er zuvorkommend. Im sorgfältig angelegten Tropengarten rund um die Villa flattern krächzende Papageien durch Bananenstauden und Palmen.

Bettina von Knoop erzählt über die Ansiedlung ihrer Familie im unwirtlichen Soconusco. Aus Guatemala kam ihr Großvater Guillermo (Wilhelm) Kahle zunächst als Angestellter des Handelshauses Lüttmann nach Chiapas. Doch schon bald gründete er eigene Kaffeeplantagen. Die Besitztümer nannte er »Hannover«, wie seine Heimatstadt, »Germania« in Erinnerung an das Vaterland und »Prusia«. Das Leben der Kolonisten sei hart gewesen, erzählt Frau von Knoop. Dennoch haben die Plantagen bald zumindest soviel abgeworfen, daß Großvater Kahle sich regelmäßige Safariausflüge nach Afrika leisten konnte. Noch heute zieren die Jagdtrophäen das rustikale Herrenhaus an der Pazifikküste.

Walter Kahle, der Sohn Guillermos, tat sich in den 30er Jahren bei der Repression gegen landfordernde Bauern besonders hervor. So zerstörte beispielsweise eine von ihm geführte paramilitärische Gruppe zusammen mit Soldaten 1933 das Ejido Joaquín Miguel Gutiérrez bei Tapachula. Ein Jahr später machte die neu gegründete

Kaffeesäcke der Ernte 1996 auf Liquidambar

Cámera del Trabajo de Chiapas, ein Zusammenschluß unabhängiger Campesino-Organisationen, in einem Manifest Walter Kahle persönlich verantwortlich für zahlreiche bewaffnete Überfälle auf Gruppen von Gewerkschaftsmitgliedern. Von all dem redet Frau von Knoop aber lieber nicht.

Genausowenig von der Afrika-Leidenschaft Folke von Knoops, dem Sohn Bettinas und heutigen Chef von Prusia. Im Garten seiner Residenz an der Straße von Tapachula nach Huixtla hat der Plantagenbaron einen großen Käfig errichten lassen. Hinter den Gitterstäben wandelte bis vor einigen Jahren der einzige Löwe von Chiapas hin und her. Das Raubtier hatte sich Folke von Knoop eigens aus Afrika bringen lassen. Fünf Hühner wurden dem König der Tiere täglich zum Fraß vorgeworfen, der Hausdiener und seine Familie durften sich gleichzeitig mit Tortillas und Bohnen begnügen.

Folke von Knoop ist nicht der einzige erfolgreiche Unternehmer, den die Familiendynastie hervorgebracht hat. Bereits Mitte des 19. Jahrunderts etablierte Ludwig von Knoop die Textilindustrie in Rußland. »Als Unternehmer zeichnete sich von Knoop durch enge Verbindung von strategisch planender Gründermentalität und taktisch-händlerischer Begabung aus«, heißt es über den Unternehmer-Vorfahren der erst im 19. Jahrhundert (finanz-) geadelten Familie in einem biographischen Lexikon. Die Tugenden der Familie scheinen von Generation zu Generation weitergegeben worden zu sein. Andrea von Knoop vertritt die Familie noch heute in Rußland. Sie arbeitet für deutsche Großbanken in Moskau. Die Dresdner Bank AG, die Commerzbank AG und die Deutsche Bank überwiesen Gehälter auf ihr Konto. 1993 wurde sie vom Deutschen Industrie und Handelstag (DIHT) gar zur »Delegierten der deutschen Wirtschaft« in Moskau erhoben.

Einem gewissen Theodor von Knoop hatte es hingegen Asien angetan. Er fungierte jahrelang als Leiter der Wirtschaftsabteilung der deutschen Botschaft in Tokio. Während des Nationalsozialismus hatte er es immerhin zum Offizier der deutschen Marine gebracht. Ein Zweig der Familie von Knoop ließ sich nach dem Krieg in Mexiko nieder. Ihr Begründer trägt den Namen Hubertus Ludwig Albert von Knoop. Ihn nahmen die Alliierten in Nordafrika als Wehrmachtsangehörigen gefangen und internierten ihn anschließend in den USA. Seine zukünftige Frau lernte er kennen, weil die deutschen Kolonisten aus Chiapas ihren notleidenden Landsleuten aus der Wehrmacht Lebensmittelpakete in die USA schickten. Eine der Paket-Absenderinnen hieß Bettina Kahle, geboren auf der Kaffeeplantage Germania am 15. Januar 1926 und Tochter eines der deutschen Kolonisten. Leutnant von Knoop heiratete die hilfsbereite Deutsche aus Chiapas, sobald er freigekommen war, um auf den Kaffeeplantagen ein neues Leben anzufangen. Die fünf Kinder der Familie Gabriela, Brigid, Katja, Folke und Valeska von Knoop wurden in Südmexiko geboren und führen die Familientradition weiter. Folke von Knoop hat seinerseits eine gute Partie gemacht und in die Familie von Manuel Bracamontes Gris, dem wohl einflußreichsten mexikanische Kaffeepflanzer in Chiapas eingeheiratet.

Schwerbewaffnete Privatpolizei auf Prusia

V. Das Imperium schlägt zurück

Die Zurufe verstummen. Niemand wagt, noch ein Wort zu sagen. Schweigend sitzen die Landarbeiter auf der Ladefläche des Lastwagens, der sie den steilen Weg hinunter ins Tal bringen soll. In dunkelgrüne Uniformen gesteckte Soldaten richten die Läufe ihrer automatischen Waffen auf die zwanzig Männer und Frauen. Nervös und ruckartig drehen die Militärs die Köpfe hin und her, um sich ihrer Deckung zu versichern. Straßensperre. Stille, nur der Dieselmotor des LKW klopft unregelmäßig. Eine leichte Abendbrise weht das Tal herauf und zieht kühl unter die noch aufgeknöpften Hemden der Bauern. Die Phalanx der Soldaten rührt sich nicht. Kaum erkennbar sind die Gesichter der Uniformierten unter den tiefen Stahlhelmen, das Kinn von einem weißen Plastikschutz verborgen. Ihre kakifarbenen Tarnhosen flattern im Wind, doch die mit schußsicheren Westen gepanzerten Körper stehen ohne Regung in einer Reihe. Hinter den Soldaten sind einige Armee-Fahrzeuge zu erkennen, am Straßenrand geparkt, die breiten Schnauzen ihnen drohend zugewandt. Auch dort keine Regung, keine Bewegung, nur das Flattern der Abdeckplanen im Wind. »Absteigen!«, befiehlt plötzlich eine schneidende Stimme. Keiner der Landarbeiter wagt, sich zu regen. »Absteigen, ihr Indio-Arschlöcher!«, schreit die Stimme des Offiziers drohend, aggressiv, laut. Jetzt klettern die ersten Campesinos vom LKW, die Revision und Leibesvisitation durch die Soldaten beginnt. Alle Bauern müssen sich breitbeinig aufstellen. Die Hände über den Kopf an die Pritsche des LKW gestreckt, werden sie durchsucht.

Auf das von Hoffnung erfüllte Jahr des Aufstandes folgt die Repression. Die Kraft der Rebellion überrascht die Mächtigen im Januar 1994. Einige Monate entgleitet ihnen die Kontrolle. Gegen die durch den bewaffneten Aufstand der Zapatistas ausgelöste Welle der Landbesetzungen, Erstürmungen der Rathäuser und Protestdemonstrationen in Chiapas versagen die altbekannten Herrschaftsmechanismen. Doch nachdem Präsident Ernesto Zedillo am 1. Dezember 1994 sein Amt antritt und wenige Tage später in Chiapas der PRI-Gouverneur Robledo Rincón in den Regierungspalast einzieht, sammeln sich die Kräfte des alten Regimes zur Offensive gegen die rebellierenden Kleinbauern und Landarbeiter.

»Wenn in dreißig Tagen die Zentralregierung und die Regierung von Chiapas die besetzten Grundstücke nicht räumt und die Legalität in der Gegend wieder herstellt, werden wir die Dinge selbst in die Hand nehmen.« Jorge Constantino Kanter, Chef der Confederación Nacional de Propietarios Rurales (CNPR), und Abkömmling deutscher Kaffeepflanzer, läßt Ende Januar 1995 auf einer Pressekonferenz keine Zweifel daran, daß die Großgrundbesitzer mit allen Mitteln die besetzten Plantagen und Grundstücke zurückerobern wollen. Wie das Vorgehen gegen die Landbesetzer aussehen soll, kündigt er auch gleich an: »Unsere Aktionen werden sich nicht gegen die Campesinos und Ejidatarios richten, sondern gegen die Führer der Gewerkschaften.« Direkter können Morddrohungen gegen die Aktivisten der Bauernorganisationen nicht ausgesprochen werden. Bereits wenige Wochen nach Beginn des Aufstandes hat er in der landesweit verbreiteten Wochenzeitschrift *Proceso* geprahlt: »Gebt mir 400 bewaffnete Männer und im Nu habe ich zwei Distrikte unter Kontrolle.«

Regierungstruppen greifen an

Chiapas, 9. Februar 1995: Noch sind die Kaffeeplantagen im Distrikt Angel Albino Corzo von den Villistas besetzt. Doch jetzt marschiert das Militär. Präsident Ernesto Zedillo verkündet in einer Fernsehansprache, die Identität des Subcomandante Marcos und anderer Führungsmitglieder der EZLN sei der Regierung bekannt und die Bundesarmee habe den Auftrag, sie festzusetzen. Noch während Zedillos Rede über die Fernsehschirme flimmert, rücken Truppen in die Tiefe der Selva Lacandona vor. Der Aufstand im Süden des Landes soll endgültig erstickt werden. In der Ortschaft Guadalupe Tepeyac, wohin die EZLN-Führung von der Regierung zwecks Geheimverhandlungen gebeten worden war, landen Fallschirmjäger. Doch die mit 60 000 Soldaten und Polizisten gestartete Militäroffensive läuft ins Leere. Statt bewaffneten Widerstand zu leisten, ziehen sich die KämpferInnen der EZLN tief in die unzugänglichen Berge der Selva Lacandona zurück. Dort befinden sich die Schlupfwinkel der Guerilla. Zehntausende ZivilistInnen werden von der EZLN in das Dschungelgebiet evakuiert, um Massaker, Folterungen und Vergewaltigungen durch die Regierungstruppen zu entgehen. Ohne Nahrungsmittel, Trinkwasser und Medikamente harren sie dort aus, in ständiger Angst vor Bombenangriffen der Luftwaffe während das vorrückende Militär ihre Dörfer besetzt und zerstört.

Die Regierungstruppen können die Generalkommandantur der EZLN während ihrer Februar-Offensive nicht fassen. Dafür lassen sie in den verlassenen Gemeinden ihrer Zerstörungswut freien Lauf. Erntereife Felder und Saatgut werden verbrannt, Brunnen vergiftet, Häuser und Spitäler geplündert und verwüstet. Die von den Geflüchteten zurückgelassenen Viehbestände werden getötet oder weggetrieben. Als die vertriebenen Familien Wochen später, unter dem Schutz internationaler

BeobachterInnen, in ihre Dörfer zurückkehren, stehen sie vor Ruinen. Waren sie vorher arm, so besitzen sie nun nichts mehr. Brauchbare Werkzeuge und Wertgegenstände sind weg. Oft sind ihnen nicht einmal Kochtöpfe und Maismühlen geblieben.

Durch die »Politik der Verbrannten Erde« soll die zivile Basis der EZLN in die Knie gezwungen werden. Daher beschränkt sich der Armee-Vorstoß nicht nur auf das Kerngebiet der EZLN. Er richtet sich auch gegen zivile UnterstützerInnen und SympathisantInnen der Aufständischen, die Landbesetzerbewegung in Chiapas und letztlich gegen die gesamte linke Opposition in Mexiko. Haftbefehle werden unter anderem gegen den von den Bauernorganisationen unterstützten Gegen-Gouverneur Amado Avendaño und weitere oppositionelle Politiker ausgestellt, jedoch nicht vollstreckt. Allerdings werden etwa dreißig Menschen, von der Staatsanwaltschaft der Mitgliedschaft in der EZLN beschuldigt, in Mexiko-Stadt und verschiedenen anderen Städten inhaftiert. Javier Elorriaga und seine Frau Gloria Benavides gehören zu ihnen. Viele der Verhafteten werden in den Gefängnissen gefoltert. Die meisten bleiben über ein Jahr gefangen, bis ihre Freilassung im Juni 1996 durch internationalen Druck und die konstanten Forderungen der EZLN erreicht werden kann.

Daß die Militärmaschinerie gerade im Februar 1995 in Gang gesetzt wird, hat vor allem wirtschaftliche und propagandistische Gründe. Präsident Ernesto Zedillo tritt sein neues Amt am 1. Dezember 1994 in Mexiko-Stadt an und schlingert bereits nach drei Wochen in eine erste schwere Krise. Innerhalb weniger Tage verfällt der Wechselkurs des Peso gegenüber dem US-$ um fast 100 %. Die schwerste Wirtschaftsdepression seit den 30er Jahren ist die Folge. Als »Tequila-Crash« geht sie in die Finanzannalen ein, denn zur Rettung der mexikanischen Volkswirtschaft wird das in der Geschichte bisher umfangreichste Kreditpaket in einer Höhe von über 40 Milliarden US-$ geschnürt. Die Propaganda-Seifenblase vom angeblich erfolgreichen neoliberalen Wirtschaftskurs ist nun endgültig geplatzt. Der »Tequila-Crash« läßt im Jahr 1995 die offizielle Inflationsrate auf 50 % emporschnellen, das Bruttosozialprodukt schrumpft gleichzeitig um 6 %.

Um den schwer belasteten Start seiner Amtszeit zu überwinden, ergreift Zedillo am Jahresbeginn 1995 die Initiative. Er muß Stärke beweisen. Ein Militärschlag gegen die Zapatistas bietet sich nicht zuletzt an, um ihnen die Schuld an der durch die neoliberale Politik verursachten Wirtschaftskrise anzudichten. Zudem wird der Druck der Eliten in Chiapas immer stärker, endlich die Landbesetzungen zu stoppen. Auch aus dem Ausland drängen mächtige Interessen auf eine militärische »Lösung«. Ein internes – und später veröffentlichtes – Dokument der Chase-Manhattan-Bank, das auf den 13. Januar 1995 datiert ist, offenbart, daß einflußreiche Gruppen in den USA eine »Eliminierung« der EZLN fordern. »Die Regierung wird die Zapatistas vernichten müssen,« heißt es in diesem Papier, »um zu beweisen, daß sie die wirkliche Kontrolle über das nationale Territorim und die Sicherheitspolitik hat.« Die Chase-Manhattan-Bank zählt zu den größten privaten Gläubigern Mexikos. Präsident Zedillo setzt die Truppen am 9. Februar in Marsch, obwohl er noch wenige Tage zuvor die Verhandlungsbereitschaft seiner neuen Regierung öffentlich betont. Der neue Zapatismus soll so vernichtet werden wie seine Vorkämpfer achtzig Jahre früher: Durch Verrat und das Militär.

Das Rückzugsmanöver der EZLN macht der Regierung aber vorerst einen Strich durch die Rechnung. Gleichzeitig gehen in den Städten, wie schon nach Beginn der Militäroffensive im Januar 1994, wieder Zehntausende auf die Straße, um gegen den Bruch des

Waffenstillstands zu protestieren. Innerhalb einer Woche strömen in Mexiko-Stadt dreimal riesige Menschenmassen auf den Zocalo, den zentralen Platz der Hauptstadt. Auch die internationale Öffentlichkeit verurteilt den Militärschlag der Regierung. Die internationale Presse berichtet über die von den Truppen angerichteten Zerstörungen und Menschenrechtsverletzungen. Als sich nur wenige Tage nach dem Angriff die Generalkommandantur der EZLN wieder mit Kommuniqués an die Öffentlichkeit wendet, wird das Scheitern der staatlichen Militäroperation offensichtlich. Präsident Zedillo befiehlt das Ende der Offensive, und die Friedensgespräche mit der EZLN werden wieder aufgenommen, echter Wille, um zu einer politischen Lösung zu gelangen, ist jedoch nicht erkennbar. Der Bewegungsspielraum von Guerilla und ziviler Opposition wird weiter eingeschränkt. Das Militär errichtet Straßensperren, Demonstrationen werden angegriffen, regierungstreue Campesinos bewaffnet und die Stellungen der Armee im Lakandonischen Urwald ausgebaut. Ein Drittel der gesamten mexikanischen Streitkräfte sind nun in Chiapas stationiert. Moderne Waffensysteme aus den Waffenschmieden der Welt werden installiert und immer mehr Soldaten rekrutiert und ausgebildet. Auch Spezialisten für Aufstandsbekämpfung und Foltermethoden aus dem Ausland werden eingeflogen, um Kenntnisse des *low intensity warfare* aus anderen schmutzigen Kriegen in Lateinamerika an ihre mexikanischen Waffenbrüder weiterzugeben. Aus Argentinien, Guatemala und den USA sollen sie eingetroffen sein, berichten die wenigen kritischen JournalistInnen, die in Chiapas noch recherchieren.

Räumung

Während in ganz Mexiko Tausende gegen die Kriegspolitik Ernesto Zedillos protestieren, wird anderen Ortes gefeiert. Laurenz Schimpf-Hudler und Ehefrau Marianne, die Familie von Knoop und all die anderen Kaffeebarone spüren wieder Rückenwind. Mit den anderen Großgrundbesitzern haben sie den Militärschlag lange gefordert. Endlich wird wieder hart durchgegriffen und die Rückeroberung der Plantagen rückt in greifbare Nähe.

Nachdem im Dezember 1994 Folke von Knoops Expeditionskorps auf Prusia so schmählich gegen die Villistas scheitert, überlassen die Kaffeebarone jetzt nichts mehr dem Zufall. Der Unterstützung des Militärs, der Polizei und der Regierung sind sie sich sicher. Und mit den Guardias Blancas verfügen sie über eine eigene Privatarmee. Zunächst gilt es jetzt, gegen die Landbesetzer öffentlich Stimmung zu machen, dann soll zum großen Schlag ausgeholt werden. Die Großgrundbesitzer koordinieren ihr gemeinsames Vorgehen. Zunächst gehen die offiziellen Interessenvertreter der Kaffeebarone an die Öffentlichkeit.

Am 19. Februar demonstrieren 300 Großgrundbesitzer und Angehörige der weißen Oberschicht in San Cristóbal. Der Marsch der Reichen und Mächtigen des Bundesstaates endet vor der Kathedrale, dem Sitz des Bischofs Samuel Ruíz. Auf Transparenten fordern sie: »Todesstrafe für den Mörderbischof!« und »Vergewaltigt Mariksa Kramsky!«, die Koordinatorin der Friedensgruppen in San Cristóbal. Es bleibt nicht bei derartigen Verbalattacken. Samuel Ruiz, dem Vermittler zwischen Regierung und EZLN, gilt der größte Haß. Mit Steinen und Knüppeln werden Frauen, die mit Blumen und Kerzen vor der Diözese eine Friedenswache halten, angegriffen. Der in Pogromstimmung versetzte Mob, unter ihnen führende PRI-Politiker der Stadt, will den Bischof lynchen. Die Polizei schaut mit verschränkten Armen zu. Erst zwei Stunden später wird durch ein entschlossenes Eingreifen von Dutzenden Indígenas dem Spuk ein Ende bereitet.

Guillermo Escudero, Präsident der Unión Nacional de Productores de Café (UNPC) und enger Geschäftsfreund der Familie Schimpf-Hudler, verlangt am 3. März 1995, daß die »besetzten zweitausend Ländereien außerhalb des zapatistischen Einflußbereichs« jetzt endlich geräumt werden müßten. Auch der Chef der Unión Estatal de Productores de Café (UEPC), Carlos Bracamontes Gris, ein Verwandter der von Knoops, fordert am 12. März in der Presse die Räumung der besetzten 30 000 Hektar Land in Angel Albino Corzo: »Es muß eine schnelle Lösung für das Problem gefunden werden, weil die Einnahme von Devisen notwendig ist«, sagt er.

Am 28. April um sechs Uhr morgens rücken Armee, Judiciales und Seguridad Pública aus dem Tal in Richtung Liquidambar vor. In Nueva Palestina räumen sie die von den Villistas errichtete Straßensperre. Mit Jeeps und LKWs dröhnen sie die Straße zur Plantage empor. Laurenz Schimpf-Hudler hat keine Kosten und Mühen gescheut, Guardias Blancas verstärkt, Militär und die Polizei über seine Regierungskontakte mobilisiert und sich mit den anderen Großgrundbesitzern im Distrikt abgesprochen. Die Streitmacht schießt Tränengasgranaten gegen die Landbesetzer und dringt schwerbewaffnet auf der Plantage ein. Den 300 BesetzerInnen der UCPFV bleibt nichts anderes, als in die umliegenden Berge zu fliehen. Widerstand wäre in dieser Situation zwecklos, denn Schimpf-Hudlers Armada ist bereit, auch scharf zu schießen. Wie schon so oft bei Landkonflikten in Chiapas könnte es zu vielen Toten und Verletzten kommen.

Auch Prusia, Sayula und Chicharras, die anderen besetzten Plantagen im Distrikt, werden an diesem 28. April von hochgerüsteten Streitkräften der Großgrundbesitzer geräumt. Der kurze Winter der Anarchie ist vorbei. Die Mächtigen sind zurückgekehrt. Laurenz Schimpf-Hudler, Folke von Knoop und ihr mexikanischer Freund Jesús Orantes Balbuena haben sich vorerst wieder durchgesetzt.

Der chiapanekische Innenminister Eraclio Zepeda verkündet einen Tag später: »Die Plantage Liquidambar wurde von den öffentlichen Organen ohne Gewalt und kriegerische Handlungen geräumt. Die Räumungen wurden durchgeführt«, begründet er die Aktion, »um den Frieden in Chiapas wiederherzustellen.« Und: »Wir können im Rechtsstaat die Präsenz von bewaffneten Leuten, von Gewalt und der Zerstörung des Eigentums Dritter nicht dulden.« Die bei der Eroberung von Liquidambar, Prusia, Chicharras und Sayula beteiligten Guardias Blancas meint er damit natürlich nicht. Die illegale Zusammenarbeit der Polizei- und Militäreinheiten mit den Weißen Garden ist nicht nur in Nueva Palestina sichtbar, sondern in fast allen Regionen von Chiapas. Als einer der Chefs der Pistoleros gilt kein anderer als Jorge Constantino Kanter. 400 Campesinos sind laut Schätzungen des katholischen Menschenrechtszentrums Fray Bartolomé de las Casas 1994 außerhalb der eigentlichen Kriegszone in der Selva Lacandona in Chiapas ermordet worden. Ein Großteil der Opfer geht auf das Konto der Guardias Blancas.

Verzweiflung in Nueva Palestina

Die Geschichte wird zurückgedreht. Im Distrikt Angel Albino Corzo nehmen im Frühjahr 1995 die Familien Schimpf-Hudler, von Knoop und Orantes die Plantagen wieder in Besitz. In der gesamten Frailesca tauchen die Schwadrone der Finqueros auf, um die als Mitglieder oder SympathisantInnen der UCPFV verdächtigten Familien einzuschüchtern. Dies geschieht nicht geheim, sondern in aller Öffentlichkeit. Insbesondere die BewohnerInnen Nueva Palestinas geraten in eine Situation, die dem Leben unter einer Besatzungsmacht gleicht. Mehrmals täglich patrouillieren Jeeps mit getönten Scheiben und ohne Kennzeichen durch das Dorf. Keine Menschenseele läßt sich dann außerhalb der Häuser blicken. Auf den Ladeflächen der Geländewagen sind vermummte und mit Maschinenpistolen bewaffnete Söldner postiert.

Am 17. Mai 1995 erläßt der Richter Alejandro Cardenas López in der Landeshauptstadt Tuxtla Haftbefehl gegen 170 vermeintliche Mitglieder der UCPFV. Die Anklage, Strafsache Nr. 207/95, lautet auf »bewaffneten Raubüberfall«. Bemerkenswert ist, daß nicht Marianne Schimpf und Laurenz Hudler als Kläger auftreten. Der zehnjährige Lawrence Maximilian Hudler Schimpf und der ebenfalls noch minderjährige Alejandro German Wisotzki Schimpf, die Söhne der Liquidambar-Erbinnen Marianne und Margarita, werden als vom »bewaffneten Raubüberfall« Betroffene genannt. Allerdings vertritt sie in dieser Angelegenheit der Verwalter der Finca, Gerardo Saenger.

Während die BewohnerInnen Nueva Palestinas unter der Knute der allgegenwärtigen Militärpräsenz stehen, bereiten die Besitzer von Liquidambar die Wiederaufnahme der Kaffeeproduktion unter ihrer Regie vor. Für die im Spätherbst einsetzende Ernte werden Arbeitskräfte von weit her auf die Finca gebracht. Sie kommen zumeist aus Guatemala. Die Kontraktierung von WanderarbeiterInnen aus den Ländern Zentralamerikas hat Tradition. Schon seit Jahrzehnten machen sich die Plantagenbesitzer die verzweifelte Lage jener Menschen zunutze, die oftmals illegal die mexikanische Südgrenze überschritten, um dem Terror der Militärregimes und der hoffnungslosen ökonomischen Situation in Guatemala und El Salvador zu entfliehen. Ob ihres illegalen Status gelten sie als besonders gehorsam.

Die neuen TagelöhnerInnen werden auf Liquidambar jedoch nicht nur zu Feldarbeiten herangezogen. Laurenz Schimpf-Hudler ist vorsichtig geworden. Er weiß, daß die Repression den Haß der BewohnerInnen von Nueva Palestina auf ihn nicht gerade gemindert hat. Auf gar keinen Fall will er den Weg zur Finca in Zukunft auf der holprigen Schotterpiste zurücklegen. Diese führt nämlich unweigerlich durch Nueva Palestina hindurch. Nahe des Herrenhauses läßt er sich einen Hügel planieren und eine Landebahn anlegen. Laurenz Hudler ist Pilot und Mitglied des in Tuxtla ansässigen Fliegervereins Busqueda y Salvamento de Aeronaves Civiles. Über ein Sportflugzeug verfügt er schon seit Jahren.

Die Villistas versuchen, nach der Räumung mit Protestkundgebungen auf ihre dramatische Situation aufmerksam zu machen. Zwei Protestmärsche der UCPFV im Sommer 1995 nach Tuxtla enden im Kugelhagel der Polizei. Wieder werden Menschen aus Nueva Palestina verhaftet, wieder fließt Blut. Zurück bleibt die Trauer um den durch einen Kopfschuß ermordeten 53-jährigen Campesino Rafael Culebra Alevardo. Als kleine Hoffnung auf Veränderung erscheinen die im Herbst stattfindenden Kommunalwahlen. 1994 haben 900 PRI-Mitglieder in Jaltenango der Staatspartei den Rücken gekehrt und sind der oppositionellen PRD beigetreten. So verlor die PRI einen nicht unerheblichen Teil ihrer Basis im Distrikt. Die in der UCPFV organisierten Menschen hoffen, daß die PRD neue Machtverhältnisse im Distrikt erkämpfen kann. Doch auch diese Hoffnung wird zerstört.

Am 17. September 1995, fast genau ein Jahr nach der Ermordung seines Vorgängers Roberto Hernández Paniagua, wird der PRD-Bürgermeisterkandidat Antelmo Roblero Roblero in Jaltenango erschossen. Nun überschlagen sich die Ereignisse. Nur wenige Stunden später wird der PRI-Kandidat José Rito Solis entführt, wahrscheinlich von Anhängern der PRD. Dr. Rito Solis, ein langjähriger Freund der Schimpf-Hudlers, wird von der Basis der PRD direkt für den Mord an Antelmo Roblero Roblero verantwortlich gemacht. Am 18. September wird der PRI-Politiker Ausel Sánchez Pérez erschossen. Dieser hatte gegenüber einer Zeugin seine Beteiligung an der Ermordung Roblero Robleros gestanden und Laurenz Hudler und Folke von Knoop als Mittäter genannt. Die Welle der Gewalt, die den Distrikt erfaßt hat, fordert Opfer nach Opfer. Am 19. September wird der PRD-Aktivist Higinio Sánchez erschossen. Die Vorfälle radikalisieren und polarisieren die Stimmung im Distrikt weiter. Fieberhaft machen sich Polizeikräfte daran, der Beteiligten an der Ermordung von Ausel Sánchez Pérez und der Entführung von José Rito Solis, der beiden PRI-Führer, habhaft zu werden. Laufend werden BewohnerInnen der Gegend festgenommen und zu Verhören nach Tuxtla gebracht. Dergleichen Engagement wird bei der Suche nach den Mördern der PRD-Politiker Antelmo Roblero Roblero und Roberto Hernández Paniagua sowie der anderen durch die Guardias oder die Polizei Erschossenen nicht an den Tag gelegt.

Zu Gesprächen zwischen Regierungsvertretern und der UCPFV über ihre Landforderungen und die Freilassung wegen der Finca-Besetzung einsitzender Campesinos kommt es nicht. Delegationen der UCPFV werden von den Regierungsbeamten immer wieder brüskiert und zurückgewiesen. Aus diesem Grund blockieren am 15. Dezember etwa 150 Villistas bei Nueva Palestina die nach Jaltenango führende Straße. Dabei stoppen sie ein Fahrzeug des Agrarministeriums und setzen die fünf Insassen, ein Familienmitglied der Besitzer von Montegrande und vier Beamte, fest. Das Ziel der UCPFV, damit Verhandlungen mit der Regierung zu erwirken, wird jedoch nicht erreicht. Im Gegenteil. Im Morgengrauen des 16. Dezember schießen Polizisten von Hubschraubern aus mit Tränengasgranaten auf die Villistas. 200 Polizisten, ausgerüstet mit Schlagstöcken, Schußwaffen und kugelsicheren Westen, lösen die Straßenblockade auf und nehmen neun Personen fest. Nur zwei Stunden später wird Nueva Palestina von Polizei- und Armeekommandos besetzt. Die Uniformierten stürmen in die Häuser und durchsuchen sie. Sie stehlen Wertgegenstände und nehmen weitere acht Personen fest.

Am 17. Dezember machen sich Familienangehörige der Festgenommenen auf den Weg nach Tuxtla Gutiérrez, um sich nach dem Schicksal ihrer Verwandten zu erkundigen. Voller Befürchtungen steigen sie in den Bus in die Hauptstadt des Bundesstaates, denn sie wissen, was politischen Gefangenen in Chiapas droht. Auf der Polizeiwache wird ihnen zunächst jede Antwort verweigert, später jedoch erklärt, daß vier Gefangene schon ins Landesgefängnis Cerro Hueco verbracht worden sind. Die restlichen Personen, darunter Reyes Penagos Martínez und Julieta Flores Castillo, würden sich noch in der Wache aufhalten. Die von der Gruppe vorgetragene Bitte, sich von der körperlichen Unversehrtheit ihrer Verwandten überzeugen zu dürfen, wird abgelehnt. Stattdessen teilen die Beamten laut einer am 22. Dezember von Gregoria Penagos Roblero gegenüber der Menschenrechtsorganisation Yax'Kin gemachten eidesstattlichen Erklärung mit, daß sie auf weitere »Anweisungen der Herrin von Liquidambar«, Marianne Schimpf-Hudler, warten. Diese wird später in Begleitung ihres Gatten Laurenz Schimpf-Hudler auf der Polizeiwache gesehen.

Ohne ihr Ziel erreicht zu haben, kehrt die Gruppe der Angehörigen nach Nueva Palestina zurück. Aus Befürchtungen ist mittlerweile quälende Angst und Unsicherheit geworden. Wo sind ihre Angehörigen geblieben? Was geschieht mit ihnen in diesem Augenblick? Und wie lautete die »Anweisung« Marianne Schimpf-

Hudlers an die Polizisten? Zwei Tage später gibt eine Radiomeldung bekannt, Reyes Penagos Martínez sei »bei einem Gefecht zwischen der Polizei und Campesino-Gruppen ums Leben gekommen.« Der den Angehörigen übergebene Leichnam Reyes Penagos Martínez' ist übersät mit Folterspuren – verbrannte Haut, Einschüsse, Knochenbrüche. Niemand, der den furchtbar zugerichteten Leichnam gesehen hat, glaubt an die offizielle Version des angeblichen »Feuergefechts«. Alle sind sich sicher: Reyes Penagos Martínez wurde von der Polizei gefoltert und ermordet. Und noch immer sind die anderen verhafteten UCPFV-Mitglieder nicht aufgetaucht. In Nueva Palestina herrscht zum Jahreswechsel 1995/96 Verzweiflung.

»Ich bin nicht stumm geblieben«

Julieta Flores Castillo lebt mit ihrem Mann, den Kindern und Eltern in Nueva Palestina. Wie alle anderen im Dorf arbeitet die Familie auf dem Ackerland des Ejidos. Julieta Flores Castillo ist Anfang zwanzig, doch wirkt sie älter. Folter und Haft in verschiedenen Gefängnissen haben deutliche Spuren hinterlassen:

»Am 15. Dezember 1995 um zwei Uhr nachmittags besetzten wir die Landstraße an der Brücke im Dorf. Es waren alles Bauern aus der Gegend, die sich an der Blockade beteiligten. Alles verlief friedlich. Aber am nächsten Tag, dem 16. Dezember, um sechs Uhr morgens kamen dann die Seguridad Pública und die Policía Judicial.

Um 6.30 Uhr begannen sie, Tränengasgranaten abzufeuern. Die Polizei nahm jetzt Leute fest, auch mich. Außerdem meinen Vater Enrique Flores, den Compañero Alberto aus Piedra Blanca und noch sieben weitere. Später wurden noch Reyes Penagos Martínez und andere Compañeros festgenommen. Sie brachten uns in das Quartier des Militärs nach Jaltenango. In der Kaserne haben sie uns vier, meinen Vater, mich, Reyes Penagos und Adalberto in einem Zimmer eingeschlossen. Mich haben sie nicht geschlagen, aber die anderen wurden verprügelt. Um 16 Uhr transportierten sie uns dann alle zusammen von Jaltenango nach Tuxtla, wo wir etwa um 21 Uhr ankamen.

Um 1.30 Uhr in der Nacht begannen sie, uns einen nach dem anderen zu verhören. Zuerst haben sie meinen Vater aus dem Zimmer geholt. Er heißt Enrique Flores González und ist 65 Jahre alt. Anschließend haben sie mich herausgeholt. Sie haben angefangen, auf mich einzuschlagen. Sie haben mir blaue Flecken an den Armen, an den Beinen und auf dem Rücken geschlagen. Sie haben mir Elektroden angelegt und gefragt: ›Wer ist es, der hier die Leute organisiert? Sind sie von der EZLN? Wieviele sind es? Woher kommen die Waffen?‹. Ich habe ihnen gesagt, daß ich von nichts weiß und daß sie mich besser töten sollten und aufhören sollten mich zu schlagen. Dann sagten die Judiciales: ›Du weißt es. Du bist die Anführerin, die hier alle Leute aufwiegelt.‹ Ich antwortete: ›Das stimmt nicht.‹ Es waren fünf Judiciales um mich herum und sie riefen: ›Doch, Du bist die Anführerin.‹ Aber ich sagte ihnen nichts. Dann verbanden sie mir die Augen und ich sah nichts mehr. Sie legten zwei Elektroden an meinen Brüsten an. Zwischen meinen Beinen haben sie mich mit den Elektroschocks auch verbrannt. Dann sagte der Kommandant zu den Judiciales, daß sie mich jetzt in Ruhe lassen sollten, weil sie sonst Probleme bekommen könnten. Er hatte Angst, aber die anderen Judiciales hatten keine Angst. Sie wollten unbedingt etwas aus mir herauspressen. Aber ich weiß von nichts.

Dann habe ich angefangen zu weinen. Die Judiciales schrien mich an: ›Wenn Du jetzt nicht reden willst, fährst Du zur Hölle!‹ Ich antwortete: ›Dann bringt mich um. Ich weiß von nichts.‹ Sie fragten mich auch nach der

Entführung von Dr. Rito Solis. Davon weiß ich aber auch nichts. Die UCPFV wird beschuldigt, ihn entführt zu haben. Aber es stimmt nicht, was sie sagen. Sie fragten mich, wo der Leichnam von Rito Solis sei. Aber ich antwortete ihnen immer wieder, daß ich von nichts weiß. Jetzt schrien sie auf mich ein: ›Du Hurentochter weißt es. Du sagt uns jetzt, wo der Leichnam von Rito Solis ist.‹ Ich weinte nur noch. Sie schlugen mich überall, bis der Kommandant sagte, daß sie mich jetzt in Ruhe lassen sollten.

Später verbanden sie mir wieder die Augen und füllten meine Nase mit rotem Pfeffer. Meinen Kopf tauchten sie in einen Wassertank. Sie drückten meinen Kopf immmer wieder unter Wasser. Dann nahmen sie mir die Augenbinde ab und ich konnte gehen. Beim Hinausgehen riefen sie den nächsten zu sich ins Zimmer. Das war Reyes Penagos Martínez.

Die Folterungen dauerten drei Tage lang. Am Montag morgen holten sie uns dann aus dem Gebäude. In einem grauen Kombi mit Vorhängen an den Fenstern fuhren sie uns an einen verlassenen Ort. Ich weiß nicht, wohin sie uns brachten. Zuerst mußte Reyes Penagos aus dem Auto aussteigen. Etwa zehn Meter vom Auto entfernt, begannen sie ihm Fragen zu stellen. Aber er antwortete ihnen nicht. Sie begannen ihn zu foltern. Sie schlugen ihn mit einem Brett mit Nägeln und einem Stock. Sie spritzten ihm Drogen. Danach fing Reyes Penagos an zu sprechen, aber er hatte sich nicht mehr unter Kontrolle. Er war nicht mehr er selbst. Er sprach wie ein Kind. Jetzt sagte er, daß er von der Entführung Rito Solis wüßte. Er beschuldigte sich selbst, ohne wirklich schuldig zu sein. Er sagte es, damit sie aufhörten, ihn zu prügeln, weil es schlimm war, wie sie ihn quälten.

Nach Reyes Penagos holten sie meinen Vater aus dem Auto. Mit verbundenen Augen tauchten sie ihn in einem kleinen Tümpel unter. An seinen Haaren hielten sie ihn

Friedensgruppen wehren sich gegen Angriffe gewalttätiger Großgrundbesitzer vor der Diözese in San Cristóbal

fest. Das Wasser war grün vor Dreck und wer weiß wie lange das Wasser schon in dem Tümpel stand. Dann wurden mein Vater und ich nach Tuxtla gebracht.

Um 16 Uhr wurde uns von einem Judicial mitgeteilt, daß Reyes Penagos bei einer Auseindersetzung zwischen Bauern und der Polizei gestorben sei. ›Das ist eine Lüge, Ihr habt ihn ermordet!‹, erwiderte ich.

Am nächsten Tag sagten sie uns, daß sie uns nun ins Gefängnis von Cerro Hueco bringen würden. Dem Kommandanten sagte ich: ›Ihr habt Reyes Penagos umgebracht, ihr Mörder!‹. Etwa um 13.30 Uhr kamen wir im Gefängnis von Cerro Hueco an. Es war jetzt Dienstag. In den Nachrichten wurde berichtet, daß Reyes Penagos in einem Gefecht zwischen Bauern und der Polizei gestorben sei. Aber das ist eine Lüge, sie haben ihn zu Tode gefoltert. Er war unschuldig, aber durch die Prügel hat er sich selbst falsch beschuldigt. Wir sind uns sicher, daß die Judiciales ihn ermordet haben.

Als sie mich am Dienstag freiließen, konnte ich es

kaum glauben. Der Procurador de Justicia selbst und fünf Angestellte der Regierung kamen, um mich freizulassen. An der letzten Schranke sagte der Procurador zu mir: ›Gut Julieta, hier hast Du Deinen Freilassungsschein. Du bist absolut frei. Aber ich will, daß Du Dir keine Probleme mehr machst. Ich hoffe, Du kommst nicht mehr nach Cerro Hueco.‹ Daraufhin erwiderte ich: ›Ich habe überhaupt kein Problem. Die Regierung sucht die Probleme mit den Bauern. Die Regierung hilft den Reichen und nicht den Bauern. Aber Ihr habt mir Schlechtes beigebracht. Jetzt werde ich mich der Organisation anschließen, um für die Aufklärung des Mordes an Reyes Penagos zu kämpfen.‹ Da blieb der Procurador stumm stehen. Er hatte nicht erwartet, daß ich ihm so antworten würde. Draußen vor dem Gefängnis stand eine Gruppe von Compañeros, um mich zu empfangen, und sie begann zu applaudieren, weil ich nicht stumm geblieben bin.«

Julieta hat ihre Geschichte beendet. Ein drückendes Schweigen erfüllt den Raum. Später wird uns erzählt, daß sie während der Folterungen mehrmals vergewaltigt wurde.

Der Fall Penagos

Julieta Flores Castillo und die UCPFV-Aktivisten aus Nueva Palestina fordern am Jahreswechsel Menschenrechtsorganisationen auf, sich der Aufklärung des Mordes an Reyes Penagos Martínez anzunehmen. Und tatsächlich läßt sich die staatliche Menschenrechtskommission CNDH dazu bewegen, eine Untersuchung einzuleiten. Das ist in Mexiko eine Ausnahme, denn oft betreibt die CNDH die Verschleierungen der Regierung mit. Doch der Tod Reyes Penagos Martínez' hat die Öffentlichkeit aufgeschreckt, Zeitungsmeldungen erscheinen und so kommt es tatsächlich zu einer Untersuchung des Falles durch die CNDH.

Nach Angaben von Polizeisprechern hat der wegen der Straßenblockade verhaftete Reyes Penagos Martínez »spontan« seine Beteiligung an der Entführung von José Rito Solis »gestanden« und sich »freiwillig« angeboten, die Polizei zur vergrabenen Leiche des PRI-Politikers zu führen. Am 18. Dezember seien Reyes Penagos Martínez und seine zehnköpfige Polizei-Begleitung per Hubschrauber in die Nähe von Nueva Palestina geflogen worden. Nach einem etwa 90-minütigen Fußmarsch seien sie an die Stelle gelangt, wo die sterblichen Überreste Dr. Rito Solis gefunden worden seien. Plötzlich seien die Polizeikräfte, ausgerüstet mit AR-15 Gewehren, von »Unbekannten« beschossen worden. Nach einem kurzen Feuergefecht hätten sich die Uniformierten zurückgezogen, um die Verwundeten, zwei Polizisten und Reyes Penagos Martínez, zum über eine Stunde Fußmarsch entfernten Hubschrauber zu bringen. Auf dem Weg ins Krankenhaus sei dann Reyes Penagos seinen Verletzungen erlegen.

In der im Juli 1996 veröffentlichten Studie 61/96 kommt die CNDH zu einem gänzlich anderen Ergebnis. Nach einem von Spezialisten der Kriminalpolizei durchgeführten Ortstermin ergibt sich, daß es an besagter Stelle gar keinen »Schußwechsel« oder »Hinterhalt« gegeben haben kann. Alle an Bäumen registrierten Einschüsse stammen aus Polizei-Gewehren. Weiterhin haben ballistische Untersuchungen ergeben, daß die leichten Verletzungen am linken Arm vom Polizeiführer Francisco Hernández Chacón und am rechten Bein von Jaime Cabrera Ferro auf Schüsse zurückzuführen sind, »die aus einer Entfernung von weniger als 70 cm abgegeben wurden. Die Polizisten müssen sich die Wunden selbst zugefügt haben.«

Weiterhin beweist die Studie, daß Reyes Penagos Martínez durch »einen Schuß in den Rücken getötet wurde, der von einer hinter ihm gehenden oder stehenden Person von unten nach oben abgefeuert wurde. Der Tod des Opfers muß aufgrund der schweren Lungenverletzungen innerhalb von 15 Minuten eingetreten sein.« Somit wird die offizielle Version, dernach Reyes Penagos Martínez erst im Hubschrauber verstorben sei, widerlegt, da er zu dem Zeitpunkt nicht mehr gelebt haben kann.

Auch bei der Untersuchung des mit Wunden übersäten Körpers gibt es für die Ärzte der CNDH keinerlei Zweifel. Die Hautabschürfungen und Blutergüsse an Kopf, Brustkorb, Rücken, Bauch, Armen und Beinen sind durch »exzessive Gewaltanwendung« hervorgerufen worden, die nach der Festnahme erfolgt sein muß. In ihrer Studie kommt die CNDH zu folgendem Urteil: »Herr Reyes Penagos Martínez wurde illegal festgenommen, isoliert und von Angehörigen der Procuradoría General de Justicia del Estado de Chiapas (PGJE) gefoltert. Mit hoher Wahrscheinlichkeit wurde er von Polizisten der PGJE erschossen. Die offizielle Version ist haltlos und unglaubwürdig.« Hunderte politische AktivistInnen erlitten in den letzten Jahren ein ähnliches Schicksal wie Reyes Penagos Martínez.

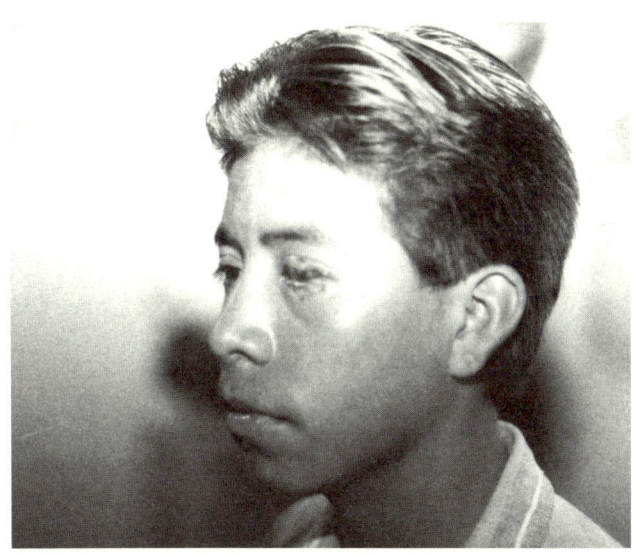

Villista, dem bei Polizeiverhören ein Auge ausgebrannt wurde

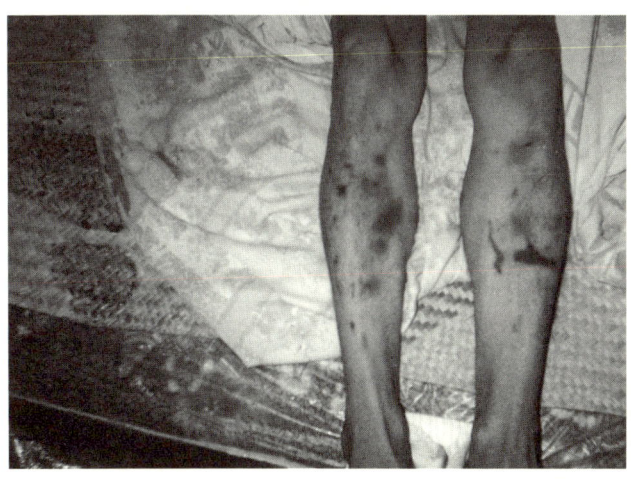

Folterspuren auf den Beinen des von Polizisten ermordeten Villistas
Reyes Penagos

Mercedes Benz in Chiapas im Einsatz

Vermummte Guardias Blancas im Jeep ohne Kennzeichen patrouillieren in Nueva Palestina

VI. Gourmets und Guerilleros

Berlin Friedrichstraße. Hier entsteht das neue Zentrum der deutschen Hauptstadt. In wenigen Jahren soll Berlin der repräsentative Regierungssitz des mächtigsten europäischen Staates sein. Milliarden werden ausgegeben, um den Reichstag zu sanieren und den Abgeordneten des Bundestages angenehme Arbeitsmöglichkeiten zu schaffen. Falsche Bescheidenheit ist nicht gefragt. Nur einen Steinwurf entfernt auf dem Potsdamer Platz, der größten Baustelle Europas, wird planiert und betoniert. Aus dem Boden, der einst den Führerbunker beherbergte, werden die Zentralen finanzkräftiger Großkonzerne gestampft.

In der Friedrichstraße findet sich auch das Nobelkaufhaus Galeries Lafayette. Die Galeries Lafayette sind keine billige Vorstadtkaufhalle, hier wird nicht in Pfennigen gerechnet. Bettler werden von sportlichen jungen Herren des firmeneigenen Wachschutzes dezent vor die Tür gesetzt. Nichts soll den Einkauf stören. Im Souterrain befindet sich die Feinschmeckerabteilung, aus aller Welt werden hier Köstlichkeiten feilgeboten.

Auch Kaffeespezialitäten verschiedensten Ursprungs warten darauf kredenzt zu werden: Arabica-Sorten aus Afrika, Asien und Lateinamerika. Die erlesensten Kaffeebohnen aus den besten Anbauregionen stehen nebeneinander in großen Glaskrügen: »Supremo – Der König der Milden« aus Kolumbien, »Mokka Sidamo – Adel verpflichtet« aus Äthiopien. Und auch der Kaffee von Liquidambar aus dem fernen Chiapas hat den Weg ins Lafayette gefunden. »Maragogype Gigante – Die Riesenbohne« und »Mexique Altura Liquidambar – Perfekte Qualität von mildem Geschmack, fein und fruchtig« prangen auf den Etiketten.

Im September 1991 war die weltweite Repräsentation der »Gruppe Schimpf«, die bis dato von Intercambio

Hamburg geleistet wurde, der Hudler GmbH übertragen worden. Inzwischen existiert diese Firma nicht mehr. Stattdessen werden Kontingente des Kaffees aus Liquidambar von der im französischen Nizza ansässigen Importgesellschaft Le Malongo Café importiert und in Europa vermarktet. Die 1934 gegründete Le Malongo Café zählt zu den größten Kaffeeröstereien Frankreichs.

Wirtschaftszusammenarbeit und Militärhilfe

Im September 1996 besucht Bundeskanzler Helmut Kohl auf seiner Lateinamerika-Reise auch Mexiko. Zwei Tage lang führt er zwischen Mariachi-Musik, Deutschland-Fahnen schwenkenden Kindern und einem Besuch im VW-Werk in Puebla wichtige Gespräche. Im eher schmächtigen Präsidenten Ernesto Zedillo hat der dickste Regierungschef Europas einen guten Freund gefunden. »Die Chemie«, so wird verlautbart, »stimmt.« Lästige Diskussionen über Menschenrechtsverletzungen werden ausgespart, der Ausbau der Wirtschaftsbeziehungen steht auf der Tagesordnung. Deutschland will in Lateinamerika stärker Fuß fassen. Insgesamt eine Milliarde DM haben 1995 deutsche Firmen in Mexiko investiert – mehr als in jedem anderen sogenannten »Schwellenland«. Das Engagement von Großkonzernen wie Siemens, VW und Mercedes soll weiter ausgebaut und die ökonomische Kooperation intensiviert werden. Die Bundesregierung strebt den Abschluß eines Freihandelsabkommens zwischen der Europäischen Union und Mexiko an.

In den Bergregionen der südlichen Bundesstaaten Mexikos sind die ersten Früchte dieser Zusammenarbeit zu bewundern. Über die Staubpisten wälzen sich täglich neue Truppentransporter mit dem Stern auf der Haube, der in naher Zukunft auch den Potsdamer Platz schmücken wird. Doch nicht nur der Daimler-Konzern, eine der größten Waffenschmieden der Welt, beliefert die Mexikanische Armee mit Kriegsgerät, auch Firmen aus anderen Staaten drängen auf den expandierenden Markt. Pilatus-Flugzeuge aus der Schweiz, Kampfhubschrauber aus Belgien und Rußland, Gewehre, Granaten und elektronisches Gerät aus den USA, gepanzerte Fahrzeuge aus Deutschland. Die Einkaufsliste ist lang – und teuer. Dazu kommen großzügige Schenkungen durch das Verteidigungsministerium Bill Clintons. Allein im November 1996 wurde Präsident Zedillo die Lieferung von 73 Huey-Hubschraubern und vier Aufklärungsflugzeugen C-26 samt elektronischer Ausrüstung für die »Drogenbekämpfung« zugesichert. US-Verteidigungsminister William Perry verkündet nach einem Mexiko-Besuch im Oktober 1995, eine »neue Ära der Zusammenarbeit« stehe an. Ein erster Schritt dazu ist, daß 1996 statt bisher jährlich 30 mexikanische Offiziere jetzt 150 an US-Militärakademien ausgebildet werden sollen.

Während im mexikanischen Staatshaushalt 1996 offiziell etwa 3,1 Milliarden DM für das Militär ausgegeben werden, erhält das Landwirtschaftsministerium gerade mal ein Fünftel davon. Der Etat der Streitkräfte befindet sich bereits 1995 auf Rekordniveau und steigt 1996 im Vergleich zum Vorjahr um weitere 45 % an. Die Prioritäten sind eindeutig.

Schwacher Präsident – Starke Generäle

Auf der politischen Ebene verschieben sich die Gewichte. Seit den 50er Jahren hat sich die Armee mit politischen Äußerungen stets zurückgehalten. Nun brechen andere Zeiten an. Die Macht der Generäle wächst. Große Teile Süd-Mexikos sind weitgehend militarisiert, neben Chiapas auch die Bundesstaaten Guerrero, Oaxaca, Veracruz und Tabasco. Und selbst in der mexikanischen Hauptstadt ist der Wandel sicht- und spürbar. Seit Sommer 1996 besitzt einer der höchstrangigsten Militärs die Befehlsgewalt über die Polizeikräfte der 25 Millionen

Einwohner zählenden Metropole. Unmittelbar nach seiner Ernennung kündigte General Tomás Salgado an, daß alle wichtigen Posten seines Ressorts fortan mit Armeefunktionären besetzt werden.

Verteidigungsminister Enrique Cervantes Aguirre, als Aufstandsbekämpfungs-Spezialist durch Einsätze in Südamerika und im mexikanischen Guerrero während der 70er Jahre kampferprobt, gewinnt an politischem Einfluß. Bei der Verteidigung der Macht wird das Militär für Präsident Zedillo immer unverzichtbarer. Nicht einmal die üblichen Wahlfälschungsmanöver funktionieren mehr. Bei Kommunalwahlen verliert die ewige Staatspartei PRI sowohl an die klerikal-konservative PAN als auch an die linke PRD. Innerhalb der PRI knirschen die Flügelkämpfe der verschiedenen Machtcliquen und werden zum Teil blutig ausgetragen. Zahlreiche Todesopfer haben die parteiinternen Auseinandersetzungen gefordert.

Doch den weitaus größten Blutzoll erleiden die oppositionellen Bewegungen. Nach Angaben der linksgerichteten PRD sind in den ersten 18 Monaten seit dem Amtsantritt Zedillos 150 ihrer Parteimitglieder ermordet worden. Auch unter der Präsidentschaft Salinas de Gortaris (1988 bis 1994) waren es durchschnittlich schon 60 Opfer pro Jahr, heute sind es 75. Angaben von Menschenrechtsgruppen zufolge mußten im selben Zeitraum allein in Oaxaca 220 Indígenas ihre politische Arbeit mit dem Leben bezahlen. Vor allem Campesino-Gewerkschaften und Indígena-Organisationen haben unter dem Terror der Mordkommandos zu leiden.

Da sich die Geschehnisse zumeist in abgelegenen Bergregionen abspielen und die Bevölkerung dort über keinerlei Kontakte zur Presse verfügt, dringen nur selten Nachrichten über diese Gewaltakte an die Öffentlichkeit. Eine traurige Ausnahme bildet ein Ereignis, das sich am 28. Juni 1995 in Aguas Blancas, einem kleinen Dorf nahe der Tourismusmetropole Acapulco, ereignet. Mitglieder der LandarbeiterInnen-Gewerkschaft Organización Campesina de la Sierra del Sur (OCSS) geraten auf dem Weg zu einer Demonstration in einen Hinterhalt der Polizei. 17 unbewaffnete Campesinos werden erschossen, weitere 23 schwer verletzt. Zwar muß Gouverneur Rubén Figueroa Alcocer einige Monate später zurücktreten, weil zahlreiche Indizen darauf hindeuten, daß das Massaker auf seinen persönlichen Befehl hin verübt wurde. Zu einer Bestrafung des Urhebers und seiner Helfer kommt es jedoch nicht. Dennoch verändern diese Morde die politische Landschaft. Während einer Gedenkveranstaltung zum ersten Jahrestag des Massakers stürmen vermummte Guerilleros die Bühne und erklären der Regierung den Krieg. In der Folgezeit macht diese Organisation, die Revolutionäre Volksarmee EPR, durch zahlreiche Angriffe auf Kasernen und Polizei-Patrouillen auf sich aufmerksam. Insgesamt werden bei Überfällen der EPR in den Bundesstaaten Guerrero, Oaxaca, Chiapas, Hidalgo und Veracruz über 50 Soldaten und Polizisten erschossen. Ende 1996 geben weitere Guerilla-Gruppen ihr Auftreten bekannt: Die Revolutionäre Volksaufstandsarmee ERIP im nördlichen Bundesstaat Baja California, die Bewaffnete Front für die ausgegrenzten Völker in Guerrero FALPMG und das Gerechtigkeitsheer der wehrlosen Bevölkerung EJPI in Guerrero. Es ist ein offenes Geheimnis, daß sich weitere Guerillas im Verborgenen halten. Doch nicht nur von links wächst die Opposition, auch die konservative PAN gewinnt konstant an Unterstützung.

Im Januar 1997 weigert sich Präsident Zedillo, das im Februar des Vorjahres von EZLN und der Regierungsdelegation unterzeichnete Abkommen über »Indigene Rechte und Kultur« anzuerkennen und die notwendigen Gesetzesänderungen einzuleiten. Weitreichende Verbesserungen der menschenunwürdigen Lebensbedingungen,

Landzuteilungen, zweisprachige Schulen und demokratische Rechte für die 56 indigenen Völker Mexikos waren 1996 vereinbart worden. Nichts davon gilt mehr, der von der EZLN mühsam aufrecht erhaltene Dialog ist zur Farce geworden. »Die Regierung,« sagt EZLN-Sprecher Subcomandante Marcos, »stellt die Möglichkeiten einer schnellen und friedlichen Lösung in Frage und wirft die Schatten des Krieges über die indianischen Völker Mexikos.«

Dabei hat der schleichende Krieg auch während des Dialogs nie aufgehört. »In Chiapas führt die Mexikanische Armee einen Krieg niedriger Intensität. Ziel ist es, die revolutionären Bewegungen von ihren Rückzugsgebieten abzuschneiden, diese militärisch zu besetzen und politisch zu kontrollieren. Diese Strategie erlaubt es der Mexikanischen Armee, offene bewaffnete Auseinandersetzungen zu vermeiden, ihre eigene Truppenstärke zu reduzieren und dennoch langsam gegen ihre Feinde vorzurücken: Die Campesinos und Indígenas«, erklärt Anfang 1997 auch Pablo Romo, Priester und Leiter des katholischen Menschenrechtszentrums Fray Bartolomé de las Casas. Die Regierung nutzt den Verhandlungs- und Friedenswillen der EZLN, um die Rebellion zu brechen.

Für die Menschen in Nueva Palestina ist das Wort Dialog zum hohlen Begriff geworden. Am 8. Oktober 1996 dringen 350 Soldaten in das Dorf ein. Sie seien zur Durchführung »sozialer Aufgaben« herkommandiert worden, erklären sie. Zwei Tage später wird das tatsächliche Anliegen der Armee deutlich. Auf einer Dorfversammlung klärt Mario Renán Castillo, Kommandant der VII. Militärregion Tuxtla Gutiérrez, die Familien auf: »Die Soldaten werden hier für Ruhe und Ordnung sorgen. Alle haben sich an die Anordnungen der Armee zu halten, andernfalls werden Köpfe rollen.« Von nun an steht Nueva Palestina vollständig unter Militärkontrolle.

Einer Besatzungsarmee gleich rasen betrunkene Soldaten in ihren Jeeps durch das Dorf, belästigen Frauen und bringen Prostituierte in ihr neben der Schule gelegenes Quartier.

Um auf die unerträglichen Zustände aufmerksam zu machen und die Freilassung ihrer inhaftierten Mitstreiter zu erwirken, führt die Unión Campesina Popular Francisco Villa Protestaktionen in Tuxtla Gutiérrez und Mexiko-Stadt durch. Zwar werden die im Gefängnis Cerro Hueco festgehaltenen Villistas nach einem Hungerstreik der politischen Gefangenen aus der Haft entlassen, die Situation im Distrikt Angel Albino Corzo ändert sich jedoch nicht. Am 16. November nehmen Polizei-Einheiten nahe der guatemaltekischen Grenze zwei Campesinos aus der Umgebung Jaltenangos fest. Laut Angaben der Staatanwaltschaft sollen sie drei Boden-Luft-Raketen RPG-7 und ein Abschußgerät mitgeführt haben. Die Polizei nutzt die Gelegenheit und bringt die Waffenlieferungen mit einer angeblich im Naturschutzgebiet El Triunfo operierenden Guerilla-Gruppe in Verbindung. Zusätzliche 500 Soldaten einer Spezialeinheit werden in die Zone um Nueva Palestina entsandt. Sie verhören die Bevölkerung nach »Aufrührern«, richten Straßensperren ein und durchkämmen die Berge der Sierra Madre von Chiapas.

Angehörige politischer Gefangener kampieren vor dem Rathaus in Tuxtla Gutiérrez

Parolen der UCPFV gegen die Militärpräsenz in Nueva Palestina am Rathaus von Tuxtla Gutiérrez

Beneficio: Verarbeitungsanlage für Kaffeekirschen

Campesino: Kleinbauer oder Landarbeiter

Caporal: Vorarbeiter

Coyote: Zwischenhändler

Ejido: Im Artikel 27 der Mexikanischen Verfassung von 1917 verankerte Form des öffentlichen Grundeigentums. Der Staat stellt einer Dorfgemeinschaft von Kleinbauern Land zur kollektiven oder individuellen Nutzung zur Verfügung. Nach einer Reform 1992 ist das Ejido-Land jetzt veräußerlich.

Finca: größerer Landbesitz in privater Hand

Finquero: Besitzer einer Finca

Guardias Blancas: »Weiße Garden«, von Großgrundbesitzern und örtlichen politischen Machthabern angeheuerte Söldnertruppe.

Hacienda: größeres Landgut in privatem Besitz

Indígena: Nachfahre der »eingeborenen« amerikanischen Bevölkerung

Judiciales: schwerbewaffnete Gerichtspolizei, die für ihr brutales Vorgehen berüchtigt ist.

Kazike: Örtlicher Machthaber, der oft keine offizielle politische Funktion bekleidet, sondern als Oberhaupt einer mächtigen Familie mit großem Landbesitz entscheidenden Einfluß nimmt.

klandestin: geheim, untergründig

Latifundien: Großgrundbesitz

Peón: landloser Plantagen-Arbeiter, Knecht

Plantage: monokulturell bewirtschaftetes größeres Landgut in privatem Besitz. Plantage wird oft als Synonym für Finca verwendet.

Abkürzungsverzeichnis

CNDH: Comisión Nacional de Derechos Humanos, Nationale Menschenrechtskommission. Staatliche Institution, der von der Opposition starke Regierungsnähe vorgeworfen wird.

PAN: Partido de Acción Nacional, Partei der Nationalen Aktion. Klerikalkonservative Oppositionspartei mit neoliberalem Wirtschaftsprogramm.

PRI: Partido Revolucionario Institucional, Partei der Institutionalisierten Revolution. Seit 1929 unter wechselndem Namen regierende Staatspartei.

PRD: Partido de la Revolución Democrática, Partei der Demokratischen Revolution. 1988 gegründete linke Oppositionspartei, die sich aus einer Linksabspaltung der PRI, der ehemaligen Kommunistischen Partei und sozialen Bewegungen zusammensetzt.

AEDPCH: Asamblea Estatal Democrática del Pueblo Chiapaneco, Demokratische Bundeststaats-Volksversammlung des chiapanekischen Volkes. 1994 gegründetes Oppositionsbündnis in Chiapas.

CEOIC: Consejo Estatal de Organizaciones Indígenas y Campesinos. Bundesstaatlicher Rat der Indígena- und Campesino-Organisationen in Chiapas. 1994 gegründete Koordination, die sich Ende des Jahres in einen oppositionellen Teil (independiente) und einen regierungstreuen Teil (oficial) spaltete.

EZLN: Ejército Zapatista de Liberación Nacional, Zapatistische Armee der Nationalen Befreiung

UCPFV: Unión Campesino Popular Francisco Villa, Bauern- und Volksunion Francisco Villa

EPR: Ejército Popular Revolucionario, Revolutionäres Volksheer

Editorische Notiz:

Die vorliegende Reportage ist das Ergebnis mehrmonatiger Recherchen in Mexiko und Deutschland. Die Autoren besuchten zwischen Januar 1994 und Dezember 1996 mehrmals die Konfliktregion in Chiapas. Dort führten sie Gespräche mit LandbesetzerInnen, ArbeiterInnen auf den Kaffeeplantagen, einigen deutschstämmigen Finqueros, Kaffee-Experten, Villistas und Zapatistas.

Der *Rebellion der Habenichtse* liegen außerdem Informationen aus folgenden veröffentlichten Büchern und Artikeln zugrunde:

– Bartra, Armando (u.a.): *La hora del café*. Dos siglos de cafecultura en México a muchas voces, México 1996.
– Benjamin, Thomas: *Tierra rica, pueblo pobre*. História política y social, México DF 1995.
– García de León, Antonio: *Resistencia y Utopía*. Memorial de agravios y crónica de revueltas y profecías de Chiapas durante los últimos quinientos años de su historia. (Tomo 1 y 2), México 1994 (Tercera reimpresión).
– Harvey, Neil: Chiapas. *Rural Reforms, Campesino Radicalism and the Limits to Salinismo* (revised and updated edition with additional essays by Luis Hernández Navarro and Jeffrey W. Rubin), San Diego 1995.
– *Los empresarios alemanes, el tercer reich y la oposición de derecha a Cárdenas* (Tomo 1 y 2). (Hg. von Brigida von Mentz u.a.), México 1988.

Neben diesen Publikationen wurden zahlreiche weitere veröffentlichte und unveröffentlichte Magisterarbeiten, Artikel und Bücher benutzt.

Unser Dank gilt allen, die an der Fertigstellung des Buches beteiligt waren und uns bei der Recherche geholfen haben. Für finanzielle Unterstützung danken wir Umverteilen!, den Asten der TU und FU Berlin, dem ReferentInnen-Rat der Humboldt-Universität zu Berlin sowie dem Solifonds von Bündnis 90/Die Grünen.

Andreas Simmen (Hg.)

Mexico

Aufstand in Chiapas

140 Seiten, 16 DM
ISBN: 3-89408-040-X

Eine grundlegende Textsammlung, die in den Konflikt
im Süden Mexicos einführt. Enthält die Kriegserklärung
der EZLN und »Chiapas: Der Südosten in zwei Winden,
einem Sturm und einer Prophezeiung« von Subcomandante Marcos. Weitere Beiträge von Paco Ignacio Taibo II, Elena Poniatowska, Carlos Monsiváis, Anne Huff-
schmid, Pedro Miguel, Delf Bucher und Adolfo Gilly

Edition ID-Archiv
Postfach 360205 · 10972 Berlin · Fax 030/321 55 49

Joachim Hirsch

Der nationale Wettbewerbsstaat

Staat, Demokratie und Politik im globalen Kapitalismus

214 Seiten
28 DM
ISBN 3-89408-049-3
(2. Auflage)

Ausgehend von der Frankfurter Schule, dem französischen Neo-Marxismus und der neueren Regulationstheorie bietet *Der nationale Wettbewerbsstaat* auch einen ersten Einstieg in die materialistische Staatskritik.

»Das Buch liefert einen der vielversprechendsten Ansätze für eine Reorganisierung politischer Formen gegen das moderne Katastrophenprogramm der Ökonomie.«

Springer, Wien

Edition ID-Archiv
Postfach 360205 · 10972 Berlin · Fax 030/3215549

Taibo II / Guerra / Escobar

Das Jahr, in dem wir nirgendwo waren

Ernesto Che Guevara und die afrikanische Guerilla

Aus dem Spanischen
von Jens Andermann

Engl. Brosch.
253 Seiten
29.80 DM
ISBN 3-89408-054-X

»Geheime Dokumente aus Kuba beweisen: kurz vor seinem Tod hatte Che Guevara versucht, die Revolution nach Afrika zu tragen.« *Der Spiegel*

»Eine genauere Untersuchung der Episode im Kongo wird sicherlich zu einer Neubewertung der revolutionären Laufbahn Guevaras führen.« *FAZ*

»Das Buch zeigt en détail, wie die Kubaner und Che Guevara selbst die Parole ›Schafft zwei, drei, viele Vietnams‹ in die Tat umzusetzen versuchten.« *AK*

Es geht auch anders:

Café Sonrisa
naturmilder Hochlandkaffee mit wenig Säure, 100 Prozent Arabica, Direktimport, garantierter Mindestpreis für die ProduzentInnen, Mehrpreiszahlungen für ökologischen Anbau und soziale / ökonomische Infrastruktur der Kooperativen

Die Anbaukooperativen
'YENI NAVAN. MICHIZA' ist ein Kooperativenverbund im mexikanischen Bundesstaat Oaxaca, in dem sechs verschiedene indigene Gruppen mit insgesamt 385 aktiven Mitgliedern aus 24 Dörfern zusammengeschlossen sind. Überwiegend werden Grundnahrungsmittel für den Eigenverbrauch angebaut, Kaffee bietet eine zusätzliche Einnahmequelle. Schwerpunkte der Arbeit liegen in den Bereichen Anbau, Vermarktung, Gesundheit, Kultur, Frauenförderung und Bildung.

Ökologischer Anbau
Die Kaffeepflanzungen, die in der Regel nicht größer als zwei Hektar sind, liegen an Berghängen und werden manuell bewirtschaftet. Schattenbäume schützen die Kaffeesträucher vor der Sonne, die Unkrautregulierung erfolgt per Machete. Das geschlagene Unkraut wird als Mulch weiterverwendet, getrocknete Kaffeebohnenschalen, Tierdung und Küchenabfälle liefern natürlichen Dünger.

Diversifizierung
Um vom Kaffee nicht zu sehr abhängig zu werden, sind die Kooperativen immer auf der Suche nach Alternativen. Im Zuge der Diversifizierung fiel die Wahl u.a. auf Hibiskus, der auch in Mexiko sehr beliebt ist - dort genießt man 'Flor de Jamaica' gut gekühlt. Außerdem werden Zitrusfrüchte, Maniok, Kürbisse, Zuckerrohr und Gewürze angebaut. Üblich ist auch Kleinvieh- und Nutztierhaltung.

Preise
Wir garantieren den AnbauerInnen einen Mindestpreis, der z. B. 1993 doppelt so hoch war wie der ruinöse Weltmarktpreis. Momentan (Januar 1997) pendelt der Weltmarktpreis um den von uns bezahlten Mindestpreis. Zudem bezahlen wir einen Zuschlag für den Aufbau von Gemeinschaftseinrichtungen / technischer Infrastruktur und für ökologischen Anbau.

Café Sonrisa ist erhältlich in Naturkostläden, Weltläden oder direkt bei

ÖKOTOPIA

Großhandel in Selbstverwaltung
Genußmittel Naturkost
10961 Berlin, Gneisenaustr. 2a, Tel. 030 / 691 10 77

A. Jaltenago
B. Nueva Palestina
C: Liquidambar
D: Prusia

aus:

Centro de Derechos Humanos

Fray Bartolomé de las Casas und CONPAZ, 1996